**本书得到以下项目资助**

教育部人文社会科学研究一般项目"基于智能算法的汉语方言声调的模式识别研究"（项目编号：19YJCZH244）
国家自然科学基金面上项目"自学习超图膜计算模型的研究与应用"（项目编号：62172262）
"链式膜系统与聚类分析研究"（项目表编号：61876101）

# 智能计算在汉语方言声调识别中的应用

张鸿雁　薛　洁　刘希玉　邵燕梅◎著

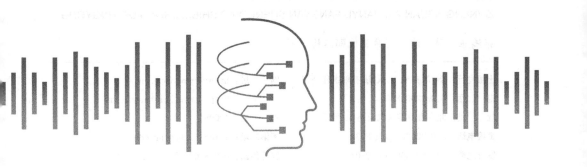

知识产权出版社

全国百佳图书出版单位

一北京一

图书在版编目（CIP）数据

智能计算在汉语方言声调识别中的应用 / 张鸿雁等著 . —北京：知识产权出版社，2023.9

ISBN 978-7-5130-8897-8

Ⅰ . ①智… Ⅱ . ①张… Ⅲ . ①人工智能 - 计算 - 应用 - 汉语方言 - 声调 - 方言研究 Ⅳ . ① H17-39

中国国家版本馆 CIP 数据核字（2023）第 172331 号

**内容提要**

汉语是一种声调语言，声调在辨意中发挥着重要作用，因此声调的特征研究是汉语方言研究的重要部分。本书介绍了多种智能算法在汉语方言单字调识别中的应用，为汉语方言的语言研究学者提供了新的研究方法和思路。

本书可供自然语言处理、语言学、语音学和声学领域的科学工作者、教师、研究生学习参考。

责任编辑：高　源　　　　　　　　责任印制：孙婷婷

执行编辑：王禹萱　　　　　　　　封面设计：杨杨工作室·张冀

**智能计算在汉语方言声调识别中的应用**

ZHINENG JISUAN ZAI HANYU FANGYAN SHENGDIAO SHIBIE ZHONG DE YINGYONG

张鸿雁　薛　洁　刘希玉　邵燕梅　著

| | | | |
|---|---|---|---|
| 出版发行：**知识产权出版社** 有限责任公司 | | 网　　址：http://www.ipph.cn | |
| 电　　话：010-82004826 | | 　　　　　http://www.laichushu.com | |
| 社　　址：北京市海淀区气象路 50 号院 | | 邮　　编：100081 | |
| 责编电话：010-82000860 转 8533 | | 责编邮箱：laichushu@cnipr.com | |
| 发行电话：010-82000860 转 8101 | | 发行传真：010-82000893 | |
| 印　　刷：北京中献拓方科技发展有限公司 | | 经　　销：新华书店、各大网上书店及相关专业书店 | |
| 开　　本：720mm×1000mm　1/16 | | 印　　张：10.5 | |
| 版　　次：2023 年 9 月第 1 版 | | 印　　次：2023 年 9 月第 1 次印刷 | |
| 字　　数：158 千字 | | 定　　价：78.00 元 | |

ISBN 978 - 7 - 5130 - 8897 - 8

# 前　言

语音是人类语言的主要表现形式，是人类最重要、最有效、最常用、最便捷的一种交流方式。从一段语音中不仅可以识别发音人的语义、情感，甚至可以判断发音人的年龄、性别、所在地，以及生理或心理特征。汉语是一种声调语言。声调在辨义中发挥着重要作用，因此声调的特征研究是汉语方言研究中的重要部分。

随着信息技术的发展，计算机智能算法也应用到语音研究中。目前，智能计算主要对语音和语义进行识别，而声调识别的研究较少，仅有的研究也是针对普通话的标准进行声调分类。本书包含了近几年作者采用智能计算对汉语方言声调识别的研究成果，采用多种非监督学习方法和监督学习方法对汉语方言的单字调语音声调进行识别、分类，通过实验比较分析，验证了智能计算在汉语方言声调批量识别中的可行性、有效性和实用性，力求为汉语方言的语言研究学者提供新的研究思路和方法。

第1章主要介绍了现代语音学的研究范畴，讨论了现代语音学和智能计算之间相辅相成的关系。一方面，现代语音学为人工智能、翻译系统、语言障碍、智能学习提供了研究理论支持；另一方面，信息技术又为现代语音学提供了新的研究方法、研究内容、研究思路，使现代语音学研究领域不断发展，与心理语言学、脑科学、医疗和司法等研究领域紧密联系。

第2章介绍了现代语音学的研究对象——语音信号。得益于信息技术的发展，现代语音学不再受限于现场听音记音，而是转换为数字信号，实现存储、传播和计算。本章从语音信号的角度介绍语音的基本概念及基本信号分析，并使用Python语言进行演示，为后续章节的研究做准备。

第3章讨论了汉语声调的特点。不同于大部分西方语言，汉语是依据声调进行辨义的，声调在汉语语音中是必不可少的重要组成部分。本章首先通过对比"声调""音高""音调"的中英文释义，讨论了三者的异同，然后从词义的角度理解了"声调"应包含的内容，最后讨论了声调的表示方法。

第 4 章介绍了监督学习方法——支持向量机。支持向量机（Support Vector Machine，SVM）是 1964 年由万普尼克（Vapnik）和科尔特斯（Cortes）共同提出的，至今仍是一种非常好的分类方法。相对于传统的模式识别方法，这种方法能够在复杂性和处理非线性问题方面保持均衡。本章介绍了支持向量机的基本原理，并使用该方法对汉语方言单字语谱图进行图像分类实验，用于声调的识别。

第 5 章介绍了卷积神经网络用于图像分类的原理。卷积神经网络是一种通过模拟大脑神经组织来传输计算信息的机器学习方法，它以神经元为单位、由许多神经元组成的复杂网络为基础，通过仿真来模拟神经元的生理响应特性。从某种意义上说，卷积神经网络反映了人类大脑的学习和运算的特征。本章在解释了卷积神经网络如何进行语谱图的图像特征提取、学习、分类后，通过建立简单的卷积神经网络模型实现了语谱图的分类，得到了较好的分类结果。

第 6 章介绍了深度神经网络的基本结构，以及几种经典神经网络的组成，并以语谱图的图像分类为例进行了实验比较。实验发现，深度学习可以应用于语谱图的分类，帮助语音学者进行汉语方言单字声调的识别研究，并证明深度学习适用于汉语方言单字声调的批量自动识别。本章又通过比较不同的网络模型，发现网络模型的识别效果相差不大。

第 7 章介绍了生物计算中脉冲神经膜系统的基本原理，以及各种不同特质的脉冲神经膜系统。我们构造了一个两层的 GSNP 网络，该网络中的每个神经元都包含两个门，分别具有"记忆"和"遗忘"功能，适用于时间序列数据。本章使用了山东临沂片区 7 个城市的方言进行声调类别的识别实验，测试集准确率最高可达 99.8%。GSNP 有较好的收敛性，即使在训练样本较小的情况下，也能满足我们的需求，更加表现出了其实用性和高效性，不仅能提高汉语方言田野调查的工作效率，还能辅助研究人员针对有特殊发音的语音进行筛选。

第 8 章介绍了无监督学习方法——聚类。聚类分析是数据挖掘中的重要数据分析方法之一，它的优势是在数据未标记的情况下，根据数据集本身的特征进行聚类，可帮助人们了解未知数据集的一些公共属性，并建立知识结构，缺点是很多聚类方法需要事先确定类的个数，即 $K$ 值。我们介绍几种确定 $K$ 值的方法、聚类的评价指标计算及几种不同的聚类方法。通过实验比较，发现在使用语谱图进行聚类时，手肘法可比轮廓法更为准确地确定分类个数，$K$-means 聚类方法比其他方法对汉语方言单字声调的聚类更为准确，普通话比方言的声调聚类更为准确，这为汉语方言单字声调在无标注数据的情况下进行预先自动分类提供了有力的支持，可以为语言研究者的听辨提供辅助判断。

# 目 录

第1章 语音学与智能计算 ················· 1

1.1 语音学简介 ················· 1

1.2 现代语音学 ················· 2

1.3 现代语音学与信息技术的结合 ················· 5

1.3.1 语音学在智能领域的应用 ················· 5

1.3.2 智能算法在语音学研究领域的应用 ················· 6

第2章 语音信号的分析 ················· 8

2.1 语音信号的声学基础 ················· 8

2.1.1 声波 ················· 8

2.1.2 声波的物理量 ················· 10

2.1.3 声音的四要素 ················· 12

2.2 语音生成系统和感知系统 ················· 13

2.2.1 语音的来源 ················· 13

2.2.2 语音的三种声源 ················· 14

2.2.3 语音产生的声学原理 ················· 15

2.3 语音信号的声学特征提取 ················· 15

2.3.1 时域和频域 ················· 18

2.3.3 语谱图 ················· 20

2.3.4 梅尔频率语谱图与梅尔倒谱系数 ················· 22

2.3.5 基频 ················· 23

第3章 汉语声调的特点 ················· 26

3.1 声调、音高与音调 ················· 26

3.2 汉语的声调 ················· 27

3.3 声调的表示 ················· 28

第4章 基于支持向量机的汉语声调识别 ················· 31

4.1 支持向量机简介 ················· 31

4.2　支持向量机算法原理 …………………………………… 31

　4.2.1　线性支持向量机 ………………………………… 32

　4.2.2　非线性支持向量机 ……………………………… 34

　4.2.3　核函数 …………………………………………… 35

　4.2.4　一对一支持向量机 ……………………………… 36

4.3　基于支持向量机的汉语方言声调分类的实现 ………… 36

　4.3.1　图像分类任务 …………………………………… 36

　4.3.2　特征选择与提取 ………………………………… 37

　4.3.3　基于 SVM 算法的汉语方言声调分类实现 …… 39

4.4　总结 ……………………………………………………… 43

第 5 章　基于卷积神经网络的汉语声调识别 ……………… 44

5.1　人工神经网络简介 ……………………………………… 44

　5.1.1　人工神经网络 …………………………………… 44

　5.1.2　神经元 …………………………………………… 46

　5.1.3　神经元的学习算法 ……………………………… 49

　5.1.4　网络拓扑 ………………………………………… 49

　5.1.5　网络学习算法 …………………………………… 50

5.2　BP 神经网络 …………………………………………… 50

5.3　卷积神经网络 …………………………………………… 51

　5.3.1　卷积神经网络简介 ……………………………… 51

　5.3.2　卷积神经网络图像识别原理 …………………… 52

　5.3.2　卷积神经网络模型的建立 ……………………… 58

5.4　基于卷积神经网络的语谱图分类实现 ………………… 60

　5.4.1　数据描述 ………………………………………… 60

　5.4.2　实验步骤 ………………………………………… 61

　5.4.3　实验结果 ………………………………………… 62

5.5　总结 ……………………………………………………… 62

第6章　基于深度学习的汉语声调识别 ············ 63

6.1　深度学习方法 ······························ 63

6.2　深度神经网络模型 ························· 64

　6.2.1　AlexNet 模型 ························· 65

　6.2.2　VGGNet 模型 ························· 67

　6.2.3　GoogLeNet 模型 ····················· 69

　6.3.4　ResNet 模型 ························· 73

6.3　基于深度学习的汉语方言声调分类的实现 ······· 76

　6.3.1　数据来源及数据特征 ··············· 76

　6.3.2　实验步骤 ······················· 77

　6.3.3　实验结果分析 ··················· 78

　6.3.4　结论 ························· 82

6.4　总结 ································· 83

第7章　基于生物计算的汉语声调识别 ············ 84

7.1　生物计算简介 ························· 84

7.2　脉冲神经膜系统原理 ··················· 85

　7.2.1　脉冲神经膜系统的基本概念 ········· 85

　7.2.2　脉冲神经膜系统的分类 ············· 87

　7.2.3　脉冲神经膜系统的形式化定义 ······· 90

7.3　门限脉冲神经膜系统模型 ··············· 92

　7.3.1　定义 ························· 93

　7.3.2　网络模型 ····················· 94

7.4　基于GSNP系统的汉语方言声调分类的实现 ····· 95

　7.5.1　实验参数的讨论 ················· 96

　7.5.4　不同模型的比较 ················· 98

7.6　总结 ································· 99

第8章　汉语声调的无监督聚类 ················ 100

8.1　聚类算法简介 ························· 100

8.2 基于特征提取的汉语声调聚类 ……………………………… 101

  8.2.1 图像的主成分分析 ……………………………………… 102

  8.2.2 图像的神经网络 ………………………………………… 104

8.3 聚类有效性评价 ………………………………………………… 105

  8.3.1 内部有效性指标 ………………………………………… 106

  8.3.2 外部有效性指标 ………………………………………… 109

8.4 基于 $K$-means 算法的汉语声调聚类 ………………………… 116

  8.4.1 $K$-means 算法的原理 …………………………………… 116

  8.4.2 相似性度量方式 ………………………………………… 117

  8.4.3 $K$-means 算法流程 ……………………………………… 118

  8.4.4 $K$-means 算法的优缺点及算法复杂度 ………………… 119

  8.4.5 SciPy 聚类包 …………………………………………… 119

  8.4.6 $K$ 值的选取方法 ………………………………………… 120

  8.4.7 基于 $K$-means 算法的汉语方言声调聚类的实现 ……… 123

8.5 基于层次聚类算法的汉语声调聚类 …………………………… 128

  8.5.1 层次聚类算法原理 ……………………………………… 128

  8.5.2 凝聚和分裂层次聚类 …………………………………… 129

  8.5.3 簇间距离度量方法 ……………………………………… 129

  8.5.4 层次聚类的优缺点 ……………………………………… 130

  8.5.5 基于最小距离的层次聚类算法的基本思想 …………… 131

  8.5.6 基于层次聚类的语谱图的聚类实现 …………………… 131

8.6 基于谱聚类的汉语声调聚类 …………………………………… 135

  8.6.1 谱聚类基本原理 ………………………………………… 136

  8.6.2 谱聚类算法流程 ………………………………………… 145

  8.6.3 sklearn 库中的谱聚类使用 …………………………… 145

  8.6.4 基于谱聚类的汉语方言声调聚类的实现 ……………… 146

8.7 总结 ……………………………………………………………… 150

参考文献 …………………………………………………………… 151

# 第1章 语音学与智能计算

语言在人类发展历程中有着重要作用，是人类文明传承发展的基石。而语音作为语言的一种表现形式，具有便捷、有效、容易掌握的特点，是人类交流的重要手段之一。那么语音学到底研究什么呢？本章的主要内容是语音学简介、现代语音学及现代语音学与信息技术的结合。

## 1.1 语音学简介

语音是人类语言的主要表现形式，是人类最重要、最有效、最常用、最便捷的一种交流方式。语音学是语言学研究的一个分支，是对人类语言声音进行研究的一门学科。它着重于研究语言的发音机理、语音特征及言语中发音的变化规律。因为其涉及发音器官的动作（生理现象）、声音特征（物理现象）、听觉感受（心理作用）等方面，而人类不同的语言群体都有其独特的语音特征，所以，语音学研究可以分为以下3大类。

① 发音语音学：研究的是发声器官（如唇、齿、舌、声门、声带等）是怎样相互配合从而产生声音的。

② 声学语音学：以语音信号为研究对象，研究声波的波长、长度、振幅等信号特征。

③ 听觉语音学：是一门关于听觉器官如何感知和辨认声音的学科，结合了神经学科和心理学科，探究神经接收声波后，在心理影响的情况下，是如何感知声音的。

早期的语音学研究多是出于对语言教学和研究兴趣的需要，主要依靠人耳听辨，通过模仿发音，描绘发音的生理器官动作，总结发音规律，完善语音发音系统，因此被称为"口耳之学"。随着医学仪器的不断发展，人类可以观测到发声器官的运动与机能，生理语音学便应运而生。随着声学工具的不断发展，很多仅靠耳朵听到的发音特点，不仅可以通过肉眼观察，还可以转换为数字信号，进行存储、播放，从而产生了声学语音学。通过进一步的研究，人们发现在交际功能中，语言分为言语交际和非言语交际。言语交际是指通过词汇和语法完成表达，而非言语交际是通过语调、面部表情和身体动作等信息进行表达。因此，伴随着心理学测试手段的完善，研究人员可以通过统计学、量化方法和心理测试进行言语控制、听觉反馈与语音规律的相关性研究，从而出现了感知语音学（或心理语音学），并发展为神经语音学。

由此可见，语音学的研究内容和方法也随着信息化的发展在不断变化、扩展，逐渐与很多学科建立了跨学科的研究方向。因此，进行现代语音学的研究必须既有自然科学的知识，也有社会科学的知识。

## 1.2　现代语音学

从一段语音中不仅可以识别发音人的语义、情感，甚至可以判断发音人的年龄、性别、所在地及生理或心理特征。因此，随着声、光、电仪器及信息技术的成熟应用，在中国社会科学论坛（2022 年，语言学）——新时代语音学前沿问题国际研讨会上，北京大学中文系语言学实验室主任孔江平教授指出："语音学的研究已从传统语音学和音位学发展到声学语音学、生理语音学和语音认知科学，完成了从传统语音学到语音科学的转变。"[1] 在传统的语言调查中，研究者接受了一定程度的培训，利用人类耳朵的听力来进行语音识别。因此，在过去，语音研究又被称为"口耳之学"。而近代的声韵学则多以实验方式进行，通过分析软件及仪器对所收集的数据进行统计与实验，以分析其声韵特性。中国社会科学院语言研究所所长张伯江指出："近十年来，语音学研究的领域范围进一步拓展，与心理语言学、脑科学、人工智能等研究紧密联系，形成了更加完备的学科体系。"[1]

北京语言大学校长刘利在该研讨会的致辞中指出："现代语音学将科学实验的方法与人工智能技术结合起来，其研究在语言教学、方言调查、语言政策、语言测试、濒危语言保护、言语工程及人工智能语言研究等领域发挥了重要作用。"[1] 因此，现代语音学不仅属于人文科学范畴，还涉及自然科学。在人文科学范畴，语音学被定义为语言学的一门分支学科，是研究语音系统规律的科学，主要包括语音的发音机制、语音的特性和语音的变化等研究方向；在自然科学范畴，语音学主要包括语音识别、声纹识别和情感识别三个研究方向。

在中国知网以"语音学"作为关键词进行检索，得到了 4000 篇 1983—2022 年度发表的与之相关的研究论文及硕博论文。图 1-1 是该领域的论文发表年度趋势，从图中可以看出，自 2000 年起，相关研究趋于明显上升，并且上升速度很快。

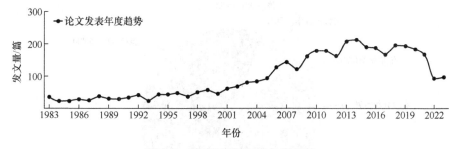

**图 1-1　"语音学"发表年度趋势**

图 1-2 表示在不同时间段"语音学"研究领域的发表成果中关键词的数量及其所占的比重，图 1-2（a）是 1983—2019 年度，图 1-2（b）是 2020—2023 年度。从图 1-2（a）中可以看出，研究的主要内容属于"音韵学""实验语音学""普通话"等，其中"音韵学"所占比重最大，为 23.5%，"实验语音学""普通话""语音学""实验研究""音系学""单字调"等研究比重占 5% ～ 10%，这说明该阶段仍属于利用实验方法进行普通话单字声调的音韵特征分析；近几年来，"音韵学"的比重减少，"实验研究"的比重增大，并出现了"方言语音""留学生""学习者"等关键词，说明近些年的语音学研究逐渐转向方言语音的研究及第二语言习得的研究，并且增加了实验在研究方法中的比重。

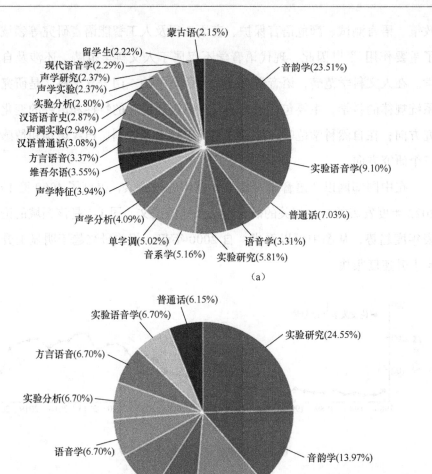

（a）

（b）

**图 1-2　1983—2023 年度已发表的论文不同阶段关键词的数量及其比重**

由此可见，随着我国语言保护工作的开展，学者们越来越关注方言的语音研究，研究方法也以实验分析为主。当然，随着信息技术的广泛应用，语音学也越来越多地依靠信息技术进行数据的采集、存储及分析。语音学为自然语言的自动化处理提供了理论支持的同时，信息技术也为语音学的研究提供了各种便利手段。

# 1.3　现代语音学与信息技术的结合

## 1.3.1　语音学在智能领域的应用

"语音科学"一词在百度百科中没有定义，但早在 2000 年国外就举办了第一届国际语音科学大会（International Congress of Phonetic Sciences，ICPHS），英文中就出现了"Phonetic Sciences"这个词语。该会议的议题不仅包括语音学、生理语音学、声学语音学、心理语音学、神经语音学、语音教学、韵律、实验音系学，还包括语音语料库、多模态语音学等多个语音相关的自然科学和社会科学研究领域。朱晓农的《语音学》中称"大语音学"包括语言学语音学，以及其他学科领域对语音的相关研究，包括声学、生物学、计算机科学、人工智能、医学、公安、司法、通信等，扩展了语音学概念，即"语音科学"[2]。吴亚乐和刘希瑞将语音科学区分为语言学语音科学（又称为语言学语音学）和非语言学语音科学两个方面，前者研究与语言学有关的语音问题，后者研究语言学领域之外的与语音相关的问题[3]。

随着人工智能、自然语言处理和言语工程项目的发展，语音科学不仅以实验语音分析为主要方法采集语音样本进行发音特征和规律的分析，还在人工智能、人机交互、语音技术、语音习得、医疗诊断、司法鉴定等以语音科学应用为目的的研究领域提供语音语料库、背景知识体系和语音识别支持。

吴亚乐和刘希瑞指出，过去 40 年我国语音科学研究领域涌现出的热点主题共计 14 个，按其频次多少依次为"语音识别""语音合成""语音""语音技术""言语合成""人工智能""语言学""语处理""音系学""智能语音""智能家居""声学模型""人机交互""社会语言学"，并发现，1980—2020 年，以"语音识别"为主题的语音科学研究始终保持其热度。由此可见，在语音学和信息技术结合领域，语音科学研究从单纯的语言学语音科学研究逐渐转向非语言学语音科学研究[3]。也就是说，从利用信息技术进行语音信息的采集、存储，结合实验语音学和传统语音学的研究方法，将语音信号作为研究对象，依据其声学参数实现语音的标记、声学特征的可视化，进行语音发音规律的研究，逐步聚焦于非语言学语音科学的创新性和实用性研究，包括智能家居、智能控制、目标检测、语音处理等。语音科学跨学科交叉研究趋势明显。

### 1.3.2 智能算法在语音学研究领域的应用

随着信息技术的发展，计算机智能算法也应用到语音研究中。目前，计算机智能算法主要对语音和语义进行识别，应用领域以自然语言处理为主，对语音的处理又以语音识别和语音合成为主。智能算法在语音学领域的研究包括 3 部分：第一部分是语言学的含义，即通过语音识别语义；第二部分是副语言意义，即通过分析语音信号识别说话人的年龄、性别、出生地、情感等信息；第三部分是非语言学意义，即生理状态、背景环境等语音信号之外的信息。根据这三部分，关于语音信号的应用研究分为三个方向：语音识别和语音合成，说话人、语种、情感识别，声学场景检测和语音增强。语音识别和语音合成方向是智能算法在语音学研究领域中最为成熟的。下面简要介绍语音识别技术的发展。

语音识别与语音合成都以文本分析为基础，主要是识别和表达语义。经过几十年的发展，语音识别已日趋成熟，逐步实现实用化和产业化，翻译软件和智能家居终端已经在广泛应用。语音识别技术始于 20 世纪 50 年代，由贝尔实验室通过电子管首次实现针对某个英语说话人的数字单词的语音识别开始发展[4]。中国科学院声学所在 1958 年也实现了能识别 10 格元音的识别系统。20 世纪 60 年代，卡内基梅隆大学提出的音素动态跟踪法成功识别了连续语音[5]。而后，动态规划[6-7]、时间规划[8]、专家系统都在语音识别系统的发展中得到应用。直到 20 世纪 80 年代，隐式马尔可夫模型[9-11]得到广泛关注，该模型和基于 N-gram[12-13] 的统计语言模型将连续语音识别系统的准确性大幅度提高。2006 年深度学习[14-16]的提出，又将语音识别技术提升了一个等级。得益于深度神经网络的强大分类功能和大数据的支持，语音识别技术已经满足了实用化的需求，应用于各种智能交互系统。

　　以语音声学特征为研究对象的研究主要面向的是场景检测和语音增强，而描绘语音语言学特征的声调识别研究较少，仅有的研究也是针对普通话的标准声调分类。智能算法对汉语声调的识别研究始于 1990 年，常（Chang）等人利用多感知器对普通话声调进行了识别实验[17]。而后，研究人员利用隐式马尔可夫链[18]、BP 神经网络[19]、支持向量机[20]、多层感知分类器[21]、高斯混合模型[22]等机器学习方法对普通话和一些方言进行了声调的识别实验。2015 年之后，随着科大讯飞深度神经网络结构 FSMN- 讯飞构型的提出，国内与人工智能有关的深度学习研究也逐渐兴起。林（Lin）等人结合声学和发音特征改进了对普通话声调识别的深度神经网络模型，最高的声调识别率为 94.39%[23]。以上研究大都以语音的基频为基础，还有的研究采用了梅尔倒谱系数，如莱昂（Ryant）等人使用深度神经网络对汉语广播新闻中的 5 个声调类别进行识别，发现梅尔倒谱系数的识别错误率更低[24]。

　　综上所述，关于汉语方言声调的智能识别研究较少，而汉语作为一种通过声调来表达语义的语言，声调的识别在语音识别中有着重要的作用。本书以汉语方言单字语谱图为研究对象，利用各种智能算法对声调进行识别研究，有着重要的研究价值和实用意义。

# 第 2 章 语音信号的分析

本章主要介绍关于语音信号分析的基础理论知识，包括 3 部分：语音信号的声学基础、语音生成系统和感知系统、语音信号的声学特征提取。语音信号的声学基础主要介绍与语音信号相关的基本概念，如声波及其物理量、声音的四要素等；语音生成系统从生理上描述了声音的产生；语音信号的声学特征提取采用 Python 语言演示了如何对基本声学特征进行提取并可视化。批量提取语音的特征是后续语音声调识别实现的前提和基础。

## 2.1 语音信号的声学基础

现代技术已实现将语音转化为数字信号并进行存储、传输、处理。因此，对语音特征的分析就是对语音音频信号的分析。表示语音的各种信号特征参数是进行高效的语音通信、语音合成和语音识别的基础。

### 2.1.1 声波

声音是怎样形成的？当一个东西振动时，会引起周围的空气产生波动，那么附近的气体粒子之间的距离会发生变化，从而引起气压的变化，进而通过鼓膜对空气压力的反应，影响到人的大脑。所以，声波是通过对象的震动产生的。

从物理角度出发，声音是一种通过物体振动而引起的一种机械波，物体振动使周围的空气粒子产生波动。在空气中行进地传播的波被称为纵波。声波不是以物质运动的形式进行传播的，而是以能量的形式。粒子不会随着声波前进，只在原有的平衡位置处振荡，粒子间的交互作用对相邻粒子的振动产生了作用，使其向周围辐射，产生了波动。所以，声波能通过有弹性的媒介传递，而不能在真空中传递。

声波可分成周期性和非周期性两种，其中，单一频率的声波是最简单的周期声波，也就是"纯音"。它是一种由简谐振动产生的频率固定、按正弦变化的声波。单一频率的声波的表达式为

$$A(t) = A_0 \sin(2\pi f t + \theta) \qquad (2\text{-}1)$$

其中，$A_0$ 代表振动幅度，也就是振幅；$T$ 代表周期，也就是一次完整振动所需的时间；$f$ 为 $1/T$，它代表一秒钟内振动的次数；$\theta$ 表示初相位，即时间为 $t=0$ 时的相位。

声波的描述参数如图 2-1 所示。

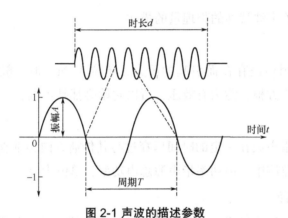

图 2-1 声波的描述参数

不同的对象产生的声波频率的范围是不一样的，而人类的耳朵所感知到的频率也是有限的，在 20 ～ 20 000Hz，如果超出了这个范围，人耳可能就听不见了。蝙蝠发出的声波频率超出这个范围，所以通常我们无法听到它们的叫声。

不同的声源与接收者的频率范围见表 2-1。

表 2-1　不同声源与接收者的频率范围

| 声源的频率范围 | | 接收者的频率范围 | |
| --- | --- | --- | --- |
| 声源 | 频率范围 /Hz | 接收者 | 频率范围 /Hz |
| 人 | 85 ～ 5 000 | 人 | 20 ～ 20 000 |
| 狗 | 450 ～ 1 080 | 狗 | 15 ～ 50 000 |

（续表）

| 声源的频率范围 | | 接收者的频率范围 | |
|---|---|---|---|
| 声源 | 频率范围 /Hz | 接收者 | 频率范围 /Hz |
| 猫 | 780 ～ 1 520 | 猫 | 60 ～ 65 000 |
| 钢琴 | 30 ～ 4 100 | 大象 | 12 ～ 20 000 |
| 汽车 | 15 ～ 30 000 | 鳄鱼 | 20 ～ 60 000 |
| 喷气发动机 | 5 ～ 50 000 | 青蛙 | 50 ～ 8 000 |
| 蝙蝠 | 10 000 ～ 120 000 | 蝙蝠 | 10 000 ～ 120 000 |

### 2.1.2 声波的物理量

下面是有关声波特性的物理量的描述。

**1. 声压**

声压表示因声波存在而引起的压力，单位为 Pa。但一般情况下，我们会将声压取平均方根，称为有效压，所以它始终都是正数。

**2. 声功率**

声功率是指声波在一定的时间里穿过与其传播方向相垂直的特定区域的能量。在噪声监测中，声功率指声源总声功率，单位为 W。

**3. 声音强度**

声音强度，简称声强，是指声波每秒钟在与其传播方向相垂直的单位区域上的声能，单位为 W/s，即单位时间的声功率。这就是所谓的空气对声波的特性阻抗。

**4. 声压级**

人的耳朵可以听到的声压幅值是有一定范围的，这种变化幅度非常大，两者之比值可以达到 $10^6$。人的耳朵对声音强度的反应并不是线性的，而是非线性的，呈对数关系。因此，我们可以用对数来表示人类的听觉变化。在声学领域，通常用两个数值的对数比来表示声压级别（大小），单位为 dB（分贝）。在声学领域，通常采用待测声压有效值与参考声压的比值常用对数再乘以 20 来计算声压级。声压级常用 SPL（Soud Presure Level）来表示，有时也使用更加简便的 LP、L、L(dB) 或 L(dBA)，表示其中 A 表示采用了 A 计权

（Weighting）。待测声压和参考值（也称为基准值），分两种情况。

① 功率之比：$N=10\lg\ (W/W\_0)$；

② 幅值之比：$N=20\lg\ (A/A\_0)$。

我们可以通过人耳听到的声压幅值变化计算出各种声音的声压级和声压的大小。声压的参考值为 20μPa，该数值代表 1000Hz 时人耳的平均听力阈值，即 1000Hz 时人耳所能感觉到的最小声压波动数值。声压每增加一倍，声量级提高 6dB。人的耳朵可以听到的声音具有一个特定的频率区间（20 ～ 20 000Hz）和一定的声压级范围（0 ～ 120dB）。120dB 以上会让人的耳朵感到不适。国家对噪声的要求是白天 50 ～ 70dB、晚上 40 ～ 60dB，安静环境下的声压级不能大于 55dB。人的耳朵并不是对全部的频率都敏感。普通人耳朵最敏感的频率范围为 3000 ～ 6000Hz，而且在较低频率和较高频率的听觉性能均较差。

### 5. 声波复合

在有两个或多个声源的情况时，各声源的声波不会由于其他声波的出现而发生变化。然而，在空间某个位置上的波动是由所有声波引起振动的叠加，这种现象称为声波复合。

### 6. 声波叠加

当两个声波叠加在一起时，有以下几种情况。

① 其振幅相同、传播方向相同、相位相反。两个声波在叠加时会互相消减，使其振幅为 0，从而实现了消音。图 2-2 显示了当两个振幅相位相反时，振幅相同的声波叠加后是 0 的情况。

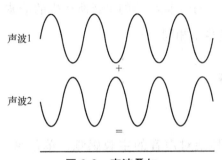

**图 2-2　声波叠加**

② 幅值和传播方向相同，频率相近时，两个声波在频域上的差异会产生不同的调幅特征。如图2-3所示，当前两个声波传播方向相同时，叠加后会成为第三种波型。当两个声波频率相差小于20Hz时，其振幅就会有较大幅度的变化，"拍"现象就属于这种情况；在频率差异为20～300Hz时，有显著的粗糙特征；当频率差异超过300Hz时，能看到两个清晰的纯音。

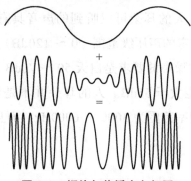

图2-3　幅值与传播方向相同

### 7. 声波中的基波

我们把一个标准的正弦波声波作为基准，称为基波。

### 8. 声波中的谐波

声波中的谐波也被称为泛音，即基波频率的整数倍的波。基波与谐波的叠加形成了声音的复合。

### 9. 单音

单音是指某一乐器独立演奏一个音所产生的声波（谐波的叠加），它的基本频率被称为音高。由于不同乐器的单音所产生的谐波在频率和振幅上都不同，所以乐器的音色也不相同。

## 2.1.3　声音的四要素

### 1. 响度

响度是指人的耳朵对声音的主观感觉，单位是"宋（Sone）"和"方（Phon）"，又称作音强。响度与振幅（或者说声音的频率）有关，与声压成对数比。为了达到与高音一样的响度，低频的声音必须要有较高的声压级。响度除了与频率、声压级相关，还与信号的持续时间有关。在短短的 200ms 内，随着持续时间变长，人耳会感觉到声音越来越响，在 200ms 之后，响度逐渐稳定。

### 2. 音调

它是一个人对声调或音高的主观感觉，它的单位是美（Me），也称为音高。它是由频率决定的，也与声音的强度有关。

### 3. 音长

音长指声音持续的时长。

### 4. 音色

音色又称音质，是因物体本身的振动频率和振幅不同导致的差异。例如，在演奏同一音阶时，不同乐器发出的声音完全不同。

人耳对不同频率和强度的声音的听觉区域叫作声域。在人耳的声域内，人对于听觉的主观感觉有响度、音调、音色等特征，以及掩蔽效应、定位等特性。响度、音调、音长、音色可以用来描述任意一种具有振幅、频率、相位 4 个物理量的复合声音，因此也被称作声音的"四要素"，它们也是心理声学研究的基础。

## 2.2　语音生成系统和感知系统

### 2.2.1　语音的来源

语音是由喉部的声带振动加上口腔和舌位的变化产生的。因此，喉部的声带是产生语音的最主要器官。

### 1. 基音

当气流通过喉部时，声带的打开和关闭会使其产生一系列脉冲，每一组打开、关闭的时间被称为这种脉冲的一个周期，也称为基音周期，它的倒数就是基频。

**2. 基频的特性**

声带的振动频率，也就是基频，决定了音高。频率越快，音调越高；频率越慢，音调越低。这种变化依赖于声带的生理特性和所受到的外部压力。一般情况下，基频为 80 ～ 500Hz，但是会因性别和年龄而有差异。例如，老年人的基频最低而儿童和青年女性的基频较高。

### 2.2.2 语音的三种声源

说话时，人们可以调整自己的呼吸器官，让气流穿过发声器。气流经过的部位不同，方式也不一样，发出的声音也是不一样的。当然，声带仍然是决定音质的一个重要因素。语音的来源依其发声器官分为 3 大类。

**1. 浊音声源**

在发声过程中，气流经过声门时会引起声带的颤动，产生周期性的声波，从而形成浊音。浊音最为响亮，它具有明显的基频，也被称作乐音，是语音中最重要的声源。

**2. 瞬音声源**

发声器官的某个部位被挤压到无法让空气流通，导致空气受阻积聚，产生较大的压强，最后突然冲破阻碍，发出声音，从而形成瞬音。瞬音又叫爆破音。

**3. 紊音声源**

如果声道某个部分收缩，形成一条狭长的通路，那么当气流通过收缩区时，会产生一股气流，发出"嘶嘶"的声音，这就是紊音。这种气流经过通道后会产生摩擦音或清音。这种声源不像浊音一样具有周期性，气流变化紊乱无规律，因此是非周期的。

另外，根据声带是否振动，可以将声音简单地划分为清音和浊音两类。声带振动所产生的全部为浊音，而不是由声带振动所产生的为清音。但考虑到人的发音比较复杂，这个划分并不严谨。

### 2.2.3 语音产生的声学原理

下面介绍语音产生的整个过程，即人类是如何发出声音的。肺部的空气被压缩而成的气流通过声门（声带）沿声道（包括咽、喉、口腔等）排出。发音器官包括肺、气管、喉（包括声带）、咽、鼻、口等。空气从肺开始，经过声门，进入一个不规则的通道，也就是声道。嘴巴和鼻子是由软腭和小舌头分开的发声器官。当小舌头下垂时，二者之间会产生一个耦合的空间，产生一个鼻音；当小舌头向上提起时，二者并不相同，起到将声道的空气向外辐射增强的效果。同时，唇部在辐射过程中的形态也会对声音的频谱产生影响。语音产生的生理原理如图 2-4 所示。

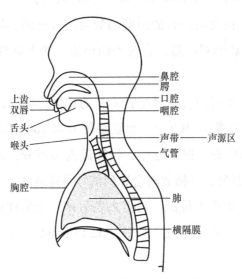

**图 2-4　语音产生的生理原理**

# 2.3　语音信号的声学特征提取

从整体来看，语音信号的特征和表征其基本特征的参数都是随时间变化的，因此，属于非稳态过程，是无法用处理平稳信号的数字信号处理技术对其进行处理分析的。不同的声音是由人的口腔肌肉运动形成的不同形状的声道产生的，但这种口腔肌肉运动对语音频率的影响很小。因此，从另一个角度来看，尽管语音信号具有时变性，但在很短的时间段（通常被认为是 10～30ms）内，它的特征基本上没有变化。也就是说，它是一个准稳态化的过程，即声音的短时稳定化。所以，对语音信号的分析与处理都应以"短时"为基础，也就是"短时分析"。本节的主要内容是如何使用 Python 提取语音的各种声学特征，这些特征在后面的声调识别中被作为研究对象。

语音信号采集后为模拟信号，通常采用 WAV 格式来存储。WAV 是微软公司开发的一种音频文件，一般用于存储非压缩音频资料。语音信号的主要参数有 4 个：声道数目、采样频率、量化位数和比特率。

① 声道数目：指发出声音的声源的数目。常见的声道有单声道和双声道两种，立体声默认为双声道，有时为四声道。四声道有 4 个声源：前左、前右、后左、后右。

② 采样频率：指对声音信号每秒采样的总数。例如，44 100Hz 采样频率是指将信号每秒分成 44 100 个，也就是每 1/44 100s 采样一次。间隔时间越短，说明采样越精确，损失越小，越接近真实声音，因此，采样频率越高，说明音频音质越好，在播放时会感到信号是连续的。

③ 量化位数：也称为位深，是用来表示每一个采样点信息的二进制数字的位数，一般有 8 位、16 位、24 位、32 位和 64 位等，这与处理设备的存储器相关。

④ 比特率：指一秒内处理的二进制位数。例如，一个单通道，在 44 100Hz/16bit 的情况下，其比特率是 44 100×16=705 600bit/s（bps），即 705.6 kbit/s。每秒钟处理的位数越高，说明设备处理速度越快，可以处理采样频率更高的音频；采样频率越高，音质越好。因此，在音频压缩过程中，比特率越高，声音质量也会随之提高。音频处理常用比特率见表 2-2。

**表 2-2　音频处理常用比特率**

| 比特率 /（kbit/s） | 特点 |
| --- | --- |
| 32 | 一般只适用于语音 |
| 96 | 一般用于语音或低质量流媒体 |
| 128 或 160 | 中上等质量比特率 |
| 192 | 中等质量比特率 |
| 256 | 常用的高质量比特率 |
| 320 | MP3 标准支持的最高水平 |

Python 中有 librosa 语音信号处理库。本书采用的信号处理都来自 librosa 第三方库。通过 load 读取 WAV 音频文件。默认采样频率是 22 050Hz，如果要保留音频的原始采样频率，则设置 sr=None。下面介绍读取音频文件及音频常用参数的操作。

```
import librosa
librosa.load(filepath,sr=22050,mono=True,offset=0.0,duration=None)
```

load 函数的各个参数含义如下：

· path：音频文件的路径；

· sr：采样频率，如果为"None"，则使用音频自身的采样频率；

· mono：bool，是否将信号转换为单声道；

· offset：float，在此时间之后开始阅读（以秒为单位）；

· duration：float，仅加载这么多的音频（以秒为单位）。

load 函数有两个返回值 y 和 sr，它们是音频时间序列和音频采样频率。还可以使用 librosa 中的其他函数获取音频的信息，例如，librosa.get_duration（y,sr,S,n_fft,hop_length,center,filename）函数用于计算音频的持续时间；librosa.get_samplerate（path）函数可以获得音频的采样率；librosa.feature.zero_crossing_rate（y,frame_length,hop_length,center）函数可以计算音频时间序列的过零率。当使用 load 读取 WAV 音频文件后，就可以使用这些函数获取具体的音频信息。

## 2.3.1 时域和频域

如果某个发声对象只发出一个纯音，也就是只有一个单纯的频率，那么它的频率、相位和幅值都是可以计算得到的。但事实上，纯音在自然界中很少见，大多数对象发出的都是复合音，即包含了几种频率成分。因此，在对声音进行处理时，很难从时域波形去分析。如果从频率的角度出发，复合音频就可以进行分离，变得清晰起来。接下来介绍如何进行时域和频域分析。

### 1. 时域

时域指以时间轴为坐标描述信号随时间变化的坐标系，即波形图。从波形图中，我们可以观察到不同时刻的声源频率变化，也就是声源随时间变化的振动情况。图 2-5 展示了"歌"和"山东"两种语音音频的波形图。

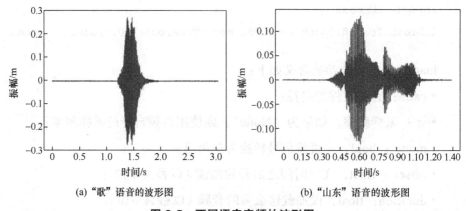

(a) "歌"语音的波形图          (b) "山东"语音的波形图

**图 2-5 不同语音音频的波形图**

利用 librosa 库可以直接绘制音频的波形图，其函数是 librosa. display.waveshow（y,sr,x_axis,offset,ax）。通过音频文件绘制波形图的代码如下：

```
import librosa.display
import matplotlib.pyplot as plt
# 读取保存在 filepath 中的 WAV 音频文件，采样频率是 22 050Hz，同时
```

```
# 转换为单通道
y,sr=librosa.load(filepath,sr=22 050,mono=True,offset=0.0,dur
ation=None)
librosa.display.waveshow(y,sr=sr)# 绘制波形图
plt.show()# 显示波形图
```

### 2. 频域

频域指横坐标是声音的频率，纵坐标是信号变化的幅度。频域描述了每个频率的变化幅度大小，即频率的强度（功率），以分贝（dB）为单位，又称为频谱图。图 2-6 展示了"歌"和"山东"两种语音音频的频谱图。图像的纵轴表示幅值，指某一频率下最高振动幅度是多大。从图中可以看出单字和双字频率高峰的区别，单字仅有一个高峰，双字有两个高峰。

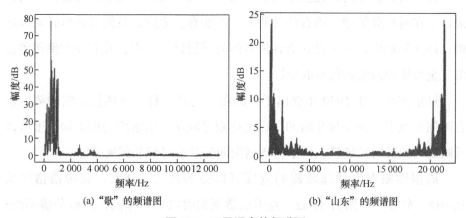

(a)"歌"的频谱图　　　　　　(b)"山东"的频谱图

**图 2-6　不同语音的频谱图**

librosa 库中没有直接绘制频谱图的函数，但可以通过其他函数计算得到频率和幅值。代码如下：

```
import librosa.display
import matplotlib.pyplot as plt
import numpy as np
from scipy.fft import fft
y, sr = librosa.load(filepath)
```

```
fy=fft(y)#傅里叶变换
amplitude =np.absolute(fy)#对傅里叶变换结果直接取模（取绝对值），
                           #得到幅度
frequency=np.linspace(0,sr,len(amplitude))#按照幅度个数，创建频
                                           #率的等差数列
plt.plot(frequency[:40000], amplitude[:40000])
plt.title("语音信号频域谱线")
plt.xlabel("Hz")
plt.ylabel("幅度")
plt.show()
```

### 2.3.3 语谱图

目前语音信号的研究主要依靠时域和频域分析，但是它们都有各自的局限性。在时域分析中，语音信号的频率不能直接表达，只能表达出时间和振幅；而在频域中，并不存在语音信号的时域特性，所以，我们经常使用语谱图来全面地观察语音信号的特性。

贝尔实验室于 1940 年提出了语谱图，它是一种三维图像，它的频率随着时间而改变，横坐标是时间，纵坐标则是频率。语谱图的像素深浅度可以反映出对应的时频能量。所以，语谱图同时具有时域和频域特性。

语谱图根据带通滤波器的宽度可以分为两类。通常，宽带语谱图为 300Hz，窄带语谱图为 45Hz。宽带语谱图的时域分辨率高，频域分辨率低；窄带语谱图的频域分辨率高，而时域分辨率低。窄带语谱图上的黑色条纹表现一种能量的变化，用于观察不同声调的变化特征。图 2-7 是 Praat 软件生成的普通话 4 种音调，可以发现，黑色条纹可以描述声调的变化。虽然汉语方言的语调更为复杂，但仍然能看出不同的音调有不同的变化趋势。与纯语音信号相比，语谱图包含更丰富的内容，包括共振峰、能量、元音和声调信息。因此，语谱图中一条条横方向的条纹也被称为声纹，它因人而异。所以，可以通过语谱图中的声纹识别不同的讲话者。

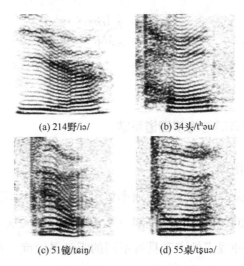

(a) 214野/iə/　　　　(b) 34头/tʰəu/

(c) 51镜/tɕiŋ/　　　　(d) 55桌/tʂuə/

**图 2-7　普通话 4 种声调的语谱图**

librosa 库中提供了绘制语谱图的函数 specshow()。首先通过 stft() 进行短时傅里叶变换（STFT），再通过 amplitude_to_db() 将振幅谱图转化为 db_scale 图谱，将数值范围限制为 0 ～ 120db，绘制颜色的深浅可以表示我们听到声音的强弱。specshow() 函数提供了线性频率语谱图和对数频率语谱图。将 STFT 得到的功率谱可视化，就是线性频率语谱图。对数频率语谱图是基于对数尺度的功率谱，需要将 $y$ 轴参数设置为 log。代码如下：

```
import librosa.display
import numpy as np
import matplotlib.pyplot as plt
y, sr = librosa.load(filepath)

s = librosa.amplitude_to_db(np.abs(librosa.stft(y)))
plt.subplot(2, 1, 1)
librosa.display.specshow(s, y_axis='linear')
plt.colorbar(format='%+2.0f dB')
plt.title(' 线性频率功率谱 ')

plt.subplot(2, 1, 2)
```

```
librosa.display.specshow(s, y_axis='log')
plt.colorbar(format='%+2.0f dB')
plt.title(' 对数频率功率谱 ')
plt.show()
```

### 2.3.4 梅尔频率语谱图与梅尔倒谱系数

#### 1. 梅尔频率语谱图

由于人类的耳朵只能对一定的频率作出反应,对于不同的频率,耳朵的敏感性也会有所不同,因此人耳感知声音是非线性的。从人类耳朵的听觉机制来看,人耳对各种频率的声音具有不同的听觉灵敏度。在 200 ～ 5 000Hz,人耳对语音的感知程度最大。当两个不同响度的声音作用于人耳时,响度高的频率成分会对响度较低的频率成分产生影响,从而造成难以被感知的现象。低频的声音在内耳蜗基底膜中传播的距离比高频的声音要长,所以通常情况下,低频的声音很容易被掩盖,而高音则难以掩盖。在低频时,屏蔽的临界带宽比高频低。因此,在这个频段中,从低到高,按照临界带宽的大小,从密集到稀疏地排列一组带通滤波器,用来过滤输入信号。在很多语音处理中都采用更能符合人耳听觉的梅尔频率语谱图来表示语音特征。

梅尔频率语谱图使用梅尔滤波函数模拟人耳对声音的非线性感知,对较低的频率更灵敏,较高的频率灵敏度变差。librosa 库中有可以直接计算梅尔频率的函数 melspectrogram()。梅尔频率语谱图的生成代码如下:

```
import librosa.display
import numpy as np
import matplotlib.pyplot as plt

y, sr = librosa.load(filepath)
db = np.abs(librosa.stft(y)) ** 2  # stft 频谱
M = librosa.feature.melspectrogram(S=db)   # 使用 stft 频谱求梅尔频谱

librosa.display.specshow(librosa.power_to_db(M, ref=np.max), y_
```

```
axis='mel', x_axis='time')
plt.colorbar(format='%+2.0f dB')
plt.title('Mel spectrogram')
plt.tight_layout()
plt.show()
```

### 2. 梅尔倒谱系数

梅尔倒谱系数（Mel-scaleFrequency Cepstral Coefficients，MFCC）是在梅尔标度频率域上提取出来的参数。它给出了在梅尔频率尺度上显示的短期能量的实对数的离散余弦变换（Discrete Cosine Transform，DCT）。MFCC的高频区域更能有效地表示低频区域。因此，它可以计算低频范围内的共振峰，并描述声道共振。它是典型的说话人识别应用的前端程序，降低了噪声干扰的脆弱性，会话不一致性小，易于挖掘。此外，当源特征是稳定和一致的（音乐和语音）时，它是声音的完美表现。它还可以从采样信号中捕获频率最大为 5kHz 的信息，这封装了人类发出的声音的大部分能量。MFCC 广泛应用于说话人识别和语音识别中。MFCC 的代码实现如下：

```
import librosa.display
import numpy as np
import matplotlib.pyplot as plt

y, sr = librosa.load(filepath)
mfccs = librosa.feature.mfcc(y, sr=sr)
```

### 2.3.5　基频

基音周期反映了声带振动的周期，即在声门开启和关闭之间的时间间隔。而基频（Fundamental Frequency，F0）是基音周期的倒数，它表示的是声带振动的频率，频率越高，基频就越高。在窄带语谱图上，横条纹中频率最低的就是基频。它是语音分析的一个重要特征，例如，可以根据基频区分不同的性别。一般情况下，成年男子的基频在 100 ～ 250Hz，而成年女子的基频在 150 ~ 350Hz，且女性的声音通常要高于男性。人类能听到的声音频率大约在 20 ~ 20 000Hz，人类对基频的感知遵循对数定律，即 100 ~ 200Hz 的差别，相当于 200 ~ 400Hz 的差别。所以，通常音高用基频的对数来表示。在语音学领域，基频通常被用来表示声调的变化特征。

基音的计算通过 librosa 库中 pyin（）函数实现。基频的提取代码如下：

```
import librosa.display
import matplotlib.pyplot as plt
import numpy as np
y, sr = librosa.load(filepath)
f0, voiced_flag, voiced_probs = librosa.pyin(y, fmin=librosa.
note_to_hz('C2'),
fmax=librosa.note_to_hz('C7'))
times = librosa.times_like(f0)
D=librosa.amplitude_to_db(np.abs(librosa.stft(y)),ref=np.
max)
fig,ax=plt.subplots()
img=librosa.display.specshow(D,x_axis='time',y_axis='log',ax=ax)
ax.set(title='Fundamental frequency')
fig.colorbar(img,ax=ax,format="%+2.f dB")
ax.plot(times,f0,label='f0',color='cyan',linewidth=3)
ax.legend(loc='upper right')
plt.show()
```

其中，$y$ 是读取音频 wav 文件后的时间序列，$f_{min}$ 和 $f_{max}$ 分别是最小和最大频率，即设定一个滤波范围。C2 是 65Hz，C7 是 2093Hz。

图 2-8 是平邑方言"找"的单字语音提取的基频图像。从图中可以观察到图片中的最下面的一条白色条纹变化趋势不大，基本为平的，表示的是基频曲线。人耳听辨"找"的声调也是 44 调值，因此基频曲线的变化和调值基本一致。背景图片是使用 Python 绘出的语谱图，图中白色曲线表示谐波条纹。

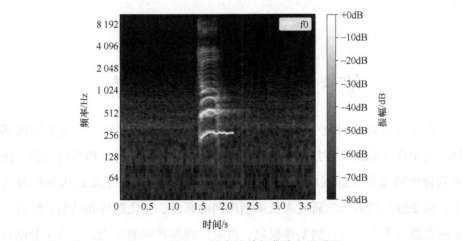

**图 2-8　Python 绘出的基频曲线和语谱图**

# 第3章 汉语声调的特点

在汉语方言的研究中，声调的研究是方言发音研究的一个重要组成部分。由于许多地区汉语方言声调发音复杂，不仅与发音的生理习惯有关，还受到神经感知系统的影响。现阶段对于方言声调的辨识主要以人耳听辨为主，由受过专门训练的研究人员识别声调的高低、变化趋势和调值，结合一定的信息技术进行语音的基频提取，再通过观察基频的变化，结合实验语音学进行分析讨论。但语音信号的基频并不能完整地代表声调的特征，对于较为复杂的声调变化，基频所表示的变化趋势和人耳听辨的结果出入较大，为此我们需要讨论汉语声调的特点，以及哪些声学特征可以较为准确地表示汉语的声调。

## 3.1 声调、音高与音调

在很多情境下，"声调""音高"和"音调"是可以通用的。而在英文中有"tone"和"pitch"两个单词表示声调，有时很难准确定义这两个单词的含义。本书通过上海辞书出版社出版的《汉语大词典》中对这三个词语的解释，讨论它们的具体含义有哪些不同。

词典中对"音高（pitch）"的解释是："各种不同高低的声音，由音波振动的频率来决定。"并且，举了汉语中有四个声调的例子，说明音高和声调之间是有关联性的，"声调不同"即"音高不同"。那么，在词典中对"声调（tone）"的解释是："又称'字调'，指说话、读书时声音的高低、强弱和快慢的变化，可以指音乐的曲调或诗文的节奏，也可以指说话时的腔调，还可以指汉字字音的高低升降。"由此可见，声调比音高要丰富，除了包含音高的含义，还有音强、韵律的内容。而"音调"指发音的方式或音质，也就是说话的腔调和乐曲的旋律，因此也用英文"tone"来表示。很多情况下，音调和声调都可以互相替代，但在指汉字字音的高低升降时，声调更为准确，不使用音调表示；而音高的含义更加单一化，就是指声音振动的频率的高低。

通过声调的定义可以了解到，声调是一个语言学概念，除了表示音高的变化，还包含了语音的强弱和快慢。在语言学中，声调的感知与生理、心理、环境因素都密切相关，声调在不同的语言里面也有很大差别。由于包含了声音振动的频率，因此从基频这个物理量大致可以确定一个声调的范围，所以声调的分析研究也常常通过基频来完成，但是基频并不能完全描述声调的特征，如强弱和快慢，还有其他一些因素，如发声类型、颤音等，也影响声调的特征。此外，元音对声调的感知也会产生影响。因此，语音的声调特征并不能通过语音信号的某一声学特征来完全表示，还需要结合其他各种因素。

## 3.2　汉语的声调

从全世界的语言来看，最典型的声调语言是中国境内的汉藏语系语言。非洲的一些语言、北欧的挪威语，甚至像日语这样的语言，也有类似音调或声调的特征。但非洲的语言和北欧的语言，其声调并不像汉藏语系那么明显，有的只是根据相对的高低来区别意义。

通常，一个汉字的发音就是一个音节，音节是语言中的最小使用单位。音节由 3 部分组成：声母、韵母和声调。声母在音节开头，是辅音，只有一个音素，比较简单；而除了开头的声母，其余的部分都是韵母。汉语中有 21 个声母和 39 个韵母。那么，声调作为音节的一部分，有着非常重要的辨义作用，这是汉语与西方语音大不相同的地方。

声调是指音节中具有区别意义作用的音高变化。它由声音的振动频率决定，表现出了音节的高低抑扬变化。汉语有 4 种声调，即阴平、阳平、上声、去声，如果按照赵元任先生的五度表示法 [25]，普通话语音把音高分为低、半低、中、半高、高 5 个等级，那么，阴平可以表示为声高而平，阳平表示为中升调，上声表示为降声调，去声表示为全降调，如图 3-1 所示。

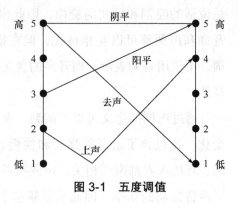

图 3-1　五度调值

阴平、阳平、上声、去声都描述声调变化的趋势。为了便于表示和对比，赵元任先生发明了五度调值，用 1～5 的值来描述声调的高低变化。但不同的方言声调的高低是有区别的，无法采用统一的量化标准，五度调值只能从表象上描述声调的变化趋势。

中国有五大语系，分别是汉藏语系、阿尔泰语系、印欧语系、南岛语系和南亚语系。其中，使用汉藏语系的人口比重大，又可分为汉语及其方言、藏语及其方言、壮侗语族语言、苗瑶语族语言和彝缅语族语言。

早在隋末，汉语的声调在陆法言的《切韵》中就已经被提出，宋代的《广韵》里也有论述。当时将汉语的声调分为 4 个类别，分别称为：平声、上声、去声和入声，语言学领域把这个时候的语音称为中古音。

汉语声调有清楚的来源和演变规律，因此是一个非常完善的系统。从中古音到现在的北方官话，中古音的平声分为现代汉语北方官话的阴平和阳平；中古音的上声不变；中古音的去声也不变；中古音的入声分到了现代北方官话的阴平、阳平、上声和去声里。而且，在《中原音韵》中记载了"评分阴阳，入派三声"这种变化。

## 3.3　声调的表示

在声学语音学中，声调的变化就是浊音基音周期（或基音频率）的变化，各个韵母段中基音周期随时间的变化产生了声调，变化的轨迹被称为声调曲线。声调曲线从一个韵母的起始端开始，到韵母的终止端结束。不同声调的声调曲线的开始段被称为弯头段，呈共同上声走向；末尾一段呈共同下降走向，被称为降尾段；而中间一段则具有不同的特点，被称为调型段。一般来说，弯头段和降尾段对声调的听辨不起作用，起作用的是调型段。而一段语音，它的起始和结尾处的波形幅度较小，要准确地测出这些地方的基音周期并不容易。因此，可将这两处的波形忽略，只测调型段这一部分波形的基音周期。

20 世纪 70 年代以来，美国自主音段音系学对声调的特性展开了热烈讨论，但他们所讨论的声调是非洲和日语式声调，其属于结构主义定义的音高重音，和汉语声调还是有很大差异的。赵元任先生也指出："声调不是中国语言所独有的，并且也不是亚洲、东南亚语言所独有的，非洲也有，美洲有一部分印第安语言也有，中美洲、南美洲有的印第安语言，也用声调来分辨。"[25] 声调在汉语交流中有着辨义作用，不同的声调会使相同声母和韵母构成的音节表示不同的意义。

早在 1954 年，就有人使用浪纹计 [26-29] 对汉语普通话的声调做了声学分析和辨认实验。豪伊（Howie）[30] 还提出了普通话的声调在主要元音和韵尾上的观点。1985 年，克拉托奇韦尔（Kratochvil）发现普通话的四声振幅曲线与音节基频有一定的相似性，声调的时长与基频曲线也有相关性 [31]。因此，声调不仅与基频相关，还与时长、音节强度有关。虽然普通话 4 个声调在基频方面都有不同的变化模式，但在时长和强度方面却不容易找到规律。

针对声调的研究，不仅有声学方面的分析，还有知觉方面的探讨。关于声调的听觉辨认，不仅语言学家感兴趣，声学家、生理学家及心理学家都有所探讨。对于汉语（主要是针对普通话的研究），通过以汉语做第二语言的人 [32] 和北京人 [33] 的听辨实验发现，普通话声调很容易被听音人辨认。后来，林茂灿 [34] 等利用共振峰合成器对时长和振幅在声调知觉中的作用进行了研究，发现仅靠振幅和时长是不能合成出四声的，但时长对上声和去声的听辨率影响大一些。

综上所述，豪伊 [35] 的研究表明，基频是听辨声调的充分必要征兆，因此，关于声调的研究也多采用基频。基频是指发浊音时声带振动所引起的周期性，而基频周期是指声带振动频率的倒数。但由于人的生理特征因人而异，基频的提取虽然已有很多的算法，如自相关函数法、峰值提取算法、平均幅度差函数法、并行处理技术、倒谱法、SIFT（Scale-Invariant Feature Transform）、谱图法、小波法等，但仍然不能适用于各种应用领域，尤其是汉语方言的声调，有些地区较为复杂，用基频来表示就显得相形见绌。

　　既然声调不仅需要基频表示，还与时长、振幅有关，那么包含了频率、时间、强弱的语谱图就更适合用来表示声调的特征了。在声调的声学分析中，语谱图仍然只用来观察表示基频的第十谐波，本书把语谱图的全部信息作为声调的特征，利用智能计算进行声调的识别研究，要比只提取第十谐波的基频信息更加全面，对声调的调类识别也就更加准确。

# 第4章 基于支持向量机的汉语声调识别

## 4.1 支持向量机简介

支持向量机（Supportvector Machines，SVM）是1995年由万普尼克（Vapnik）和科尔特斯（Cortes）共同提出的，至今仍是一种非常好的分类方法。这种方法以统计学习为基础，相对于传统的模式识别方法，采用最大限度降低模型的结构风险（SRM）原则，提高了学习机的泛化学习性能，使得模型能够在复杂性和处理非线性问题方面保持均衡。支持向量机在人脸识别、文本自动分类、车辆检测和地理遥感影像分类等方面已经获得了广泛的应用。它的基本思想是通过核函数把样本空间投影到多维空间，在多维空间内找出一个最优的分类面，使得不同类型的样本量数据相互分开，与分类面之间的距离达到最大，从而解决了在低维空间中不能对其进行分类的难题。

支持向量机是一种基于最大间距的线性二分类器，其最大间距使得其与感知机不同，它还包含了核函数，使其本质上是一个非线性分类。它的学习策略是间隔最大化，可以被形式化成一个凸二次规划问题，并且可以将其等价于正则化的损失函数最小化问题。该方法具有泛化误差小、运算开销小、易于解释等特点；其不足之处在于对参数调整和核函数的选取比较敏感，而未经过改进的原分类只适合于二类问题的处理。

## 4.2 支持向量机算法原理

支持向量机的基本思想是能对训练数据集进行准确分割，并且具有最大的几何间距的分割超平面。从图4-1中可以看出，$w \cdot x + b = 0$ 被称作分割超

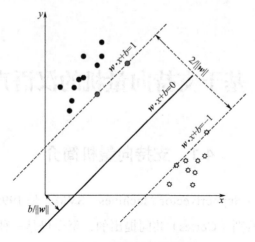

图 4-1 线性划分数据集

平面，其中的数据集合是二维的，所以分割超平面仅仅是一条线。如果数据集合是三维的，则将数据集分割成一个平面。依此类推，若数据集合为 $N$ 维，则需要 $N-1$ 维度来划分数据集合，这个 $N-1$ 维度的对象即为分类决定的界限，在对象上一边的数据均分为一类，而位于对象另一边的数据则被分为其他类别。我们把 $N-1$ 维对象叫作超平面，把点与分离平面之间的距离称为间距。在线性可分解的数据集合中，存在着无数个这种超平面（即感知器），而具有最大几何间距的隔离超平面则是唯一的，也就是数据点与决策边界越远越好。支持向量是最接近分割超平面的点。支持向量机是基于最优化原理的一种新的机器学习方法，其目的在于通过在两种类型中找到一种最佳的超分平面，将两种类型区分开来，从而提高了算法的准确率。

　　本节将介绍支持向量机的相关理论，包括线性支持向量机、非线性支持向量机、核函数及一对一支持向量机。

### 4.2.1　线性支持向量机

#### 1. 完全线性可分

　　首先，考虑一个线性可分的问题。假定在特征空间中具有一个线性可分的样本集合 $N = \{(x_1, c_1), (x_2, c_2), \cdots, (x_n, c_n)\}$，其中 $x_i \in \mathbf{R}^d$ 为空间中第 $i$ 个已知

类别的样本，$c_i \in \{-1,1\}$（$i=1,2,\cdots,n$）就是 $\boldsymbol{x}_i$ 的类别属性。当 $c_i=1$ 时，称 $\boldsymbol{x}_i$ 为正样本；当 $c_i=-1$ 时，称 $\boldsymbol{x}_i$ 为负样本。在二维空间上，两个类别的划分可以用直线，那么可以将这个分类直线称为在该特征空间上的分类超平面，用 $\boldsymbol{w}^{\mathrm{T}}+b=0$（$\boldsymbol{w}$ 为 $n$ 维向量、$b$ 为偏移量）来表示，对于符合 $|\boldsymbol{w}^{\mathrm{T}}+b|=1$ 条件的样本点，与其他样本点相比，它们离这个平面更近，因此样本与超平面的间隔为 $\dfrac{2}{\|\boldsymbol{w}\|}$，如图 4-1 所示。

划分的目的就是要确定一个最优的平面，可以使样本与该平面的间隔达到最大，即 $\dfrac{2}{\|\boldsymbol{w}\|}$ 最大，可等价表示为求 $\dfrac{1}{2}\|\boldsymbol{w}\|^2$ 最小。那么最优分类超平面可以表示为

$$\min \varphi(\boldsymbol{w}) = \frac{1}{2}\|\boldsymbol{w}\|^2$$

$$\text{s.t. } y_i(\boldsymbol{w}^{\mathrm{T}}\boldsymbol{x}_i + b) \geqslant 1, \quad i=1,2,\cdots,n \qquad (4\text{-}1)$$

式中，$\boldsymbol{w}$ 对应的是直线的斜率，在高维空间就是法向量；在高维空间中，$b$ 是超平面的截距项。

### 2. 近似线性可分

在实际问题中，在一个超平面可以将数据集的大部分样本点分开时，总会有一些样本点作为噪声，不能分到合适的位置。如图 4-2 所示，黑色圆点群中的三角形和三角形群中的圆点都偏离了属于同类别的点群，不再满足式（4-1）中的条件 $y_i(\boldsymbol{w}^{\mathrm{T}}\boldsymbol{x}_i + b) \geqslant 1$，这种样本点被称为离群点。在实际问题中，会因数据集中存在这种离群点而无法使用一个超平面完全将数据集进行分割，但支持向量机通过忽略这些离群点得到一个近似的分类超平面，这便是近似线性可分问题。

如果有离群点，那么式（4-1）中的条件可以表示为

$$y_i(\boldsymbol{w}\boldsymbol{x}_i + b) \geqslant 1 - \xi_i, \quad i=1,2,\cdots,n \qquad (4\text{-}2)$$

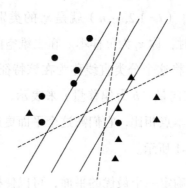

**图 4-2  样本数据中存在离群点**

式中，$\xi_i \geqslant 0$ 称为松弛变量，通过使某些样本点离超平面的距离小于 1 来实现数据集在特征空间上的近似线性可分。但如果 $\xi_i$ 的取值任意大，那么任意超平面都符合条件，这显然是不合理的。因此我们增加了一个惩罚因子常量 $C$，它可以调节松弛变量，当松弛变量大时，$C$ 值相应地也会变大。那么对于存在离群点的数据集，使用下式来求：

$$\min \ \varphi(\boldsymbol{w},\xi) = \frac{1}{2}\|\boldsymbol{w}\|^2 + C\sum_{i=1}^{n}\xi_i \qquad (4\text{-}3)$$

$$\text{s.t.} \ \ y_i(\boldsymbol{w}\boldsymbol{x}_i + b) \geqslant 1 - \xi_i \quad \xi_i \geqslant 0, \ i = 1,2,\cdots,n.$$

### 4.2.2  非线性支持向量机

实际上，数据集的分布除了会出现离群样本点，还有可能非常复杂，直线已经无法准确地将数据集进行划分。为了较好地解决非线性问题，可以将非线性问题通过映射转换为一个线性可分问题，从而在映射空间上找到分类超平面。我们通过核函数来实现由低维到高维的映射。由图 4-3 可以看出，在二维平面上是无法用直线将数据集进行准确分割的，当我们将平面旋转，在高维上进行变化，完全可以将数据集准确地划分。

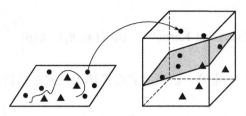

**图 4-3　非线性划分方法**

使用核函数后，分类超平面可以表示为

$$f(x) = w^{\mathrm{T}}\phi(x) + b \tag{4-4}$$

式中，$\phi(x)$ 是通过非线性映射后，表示样本 $x$ 在新的空间中的特征向量。那么，最佳分类超平面可以表示为

$$\min \ \varphi(w) = \frac{1}{2} \| w \|^2 \tag{4-5}$$

$$\text{s.t.} \ \ y_i(w^{\mathrm{T}}\phi(x_i) + b) \geq 1, \ \ i = 1, 2, \cdots, n$$

为了便于计算，引入核函数：

$$K(x_i, x_j) = \phi(x_i^{\mathrm{T}})\phi(x_j) \tag{4-6}$$

### 4.2.3　核函数

从 4.2.2 了解到，核函数的作用是在不进行变换的低维空间中，通过映射得到高维空间的内积，便于非线性支持向量最小值的计算，同时实现了由低维到高维的映射。由此可见，核函数对于非线性支持向量的实现是非常关键的。核函数极大地提升了支持向量机的泛化能力。现阶段常使用以下核函数。

① 核函数（Linear Kernel）：在线性情况下，特征空间中的超平面由 $K(x_i, x_j) = x_i^{\mathrm{T}} x_j$ 表示。

② 多项式核（Polynomial Kernel）：采用次数为 $d$ 的多项式进行映射，由 $K(x_i, x_j) = (x_i^{\mathrm{T}} x_j + 1)^d$ 表示。

③ 高斯核（Gaussian Kernel）：由 $K(x_i, x_j) = \exp\left(\dfrac{\|x_i - x_j\|^2}{2\sigma^2}\right)$ 表示，式中，$\sigma > 0$ 是高斯核的带宽，该核函数也被称为径向基函数核（RBF Kernel）。

④ 拉普拉斯核（Laplacian Kernel）：由 $K(x_i, x_j) = \exp\left(\dfrac{\|x_i - x_j\|}{\sigma}\right)$ 表示。

⑤ Sigmoid 核：由 $K(x_i, x_j) = \tanh(\beta x_i^{\mathrm{T}} x_j + \theta)$ 表示，该方法更加平滑，式中，tanh 为双曲正切函数，$\beta > 0,\ \theta < 0$。

### 4.2.4　一对一支持向量机

支持向量机是用来处理二分类问题的，但实际应用中，大多数数据集分类都属于多分类问题，因此需要支持向量机来实现多分类。目前采用支持向量机进行多分类的方法主要有两个：一个是通过优化的公式来优化所有类别的参数；另一个是通过组合多个支持向量机二分类来解决多分类问题。一对一支持向量机就是通过多个二分类器实现多分类的方法。

"一对一"方法针对多类别的分类问题，将分类器设计成 $k(k-1)/2$ 个二值分类器，即对每两个类样本之间构建出一个分类超平面。这种方法的优点是对于每个分类器，只针对两类样本，因此训练样本较少，速度快，并且每两类样本进行分类的准确度更高。缺点是如果类别数目较大，$k(k-1)/2$ 越来越大，训练速度随之变慢。

## 4.3　基于支持向量机的汉语方言声调分类的实现

本节介绍如何使用汉语方言单字语谱图进行图像分类并实现其声调识别。由于本书所采用的方言属于北方官话，包含 4 个类型的调值，因此要利用支持向量机实现语谱图的多分类。下面介绍分类原理。

### 4.3.1　图像分类任务

图像分类被广泛应用于各个领域，包括人脸识别、指纹识别、目标检测、医学影像、地质勘探、气象数据分析等。使用支持向量机对图像进行分类的步骤如图 4-4 所示，首先使用训练集数据进行训练，在训练之前要先进行图像的预处理，包括图像的大小、锐度、拉伸、翻转等；然后进行特征提取，再用分类器学习训练样本，从而得到分类模型；最后通过训练好的分类模型对未知图像进行分类。

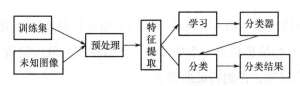

图 4-4　基于支持向量机的图像分类过程

## 4.3.2　特征选择与提取

本节将采用两种特征提取方法：方向梯度直方图和灰度共生矩阵。

**1. 方向梯度直方图**

方向梯度直方图通过计算和统计图像局部区域的梯度方向直方图来提取特征，常用于目标检测。提取步骤如下。

① 归一化图像。首先将输入的彩色图像转灰度图像，然后对图像进行平方根 Gamma 压缩。这种压缩处理可以有效地降低图像局部的阴影和光照变化，来提高该方法对光照变化的鲁棒性。

② 计算图像梯度。首先用一维离散微分模板 [-1,-,1] 及其转置分别对归一化后的图像进行卷积运算，得到水平方向的梯度分量及垂直方向的梯度分量。然后根据当前像素点的水平梯度和垂直梯度，得到当前像素点的梯度幅值和梯度方向。$G_x(x,y)$、$G_y(x,y)$、$H(x,y)$ 分别表示当前像素点的水平梯度、垂直梯度和像素值，$G(x,y)$ 和 $\alpha(x,y)$ 分别表示当前像素点的梯度幅值和梯度方向：

$$G_x(x,y) = H(x+1,y) - H(x-1,y) \qquad （4\text{-}7）$$

$$G_y(x,y) = H(x,y+1) - H(x,y-1) \qquad （4\text{-}8）$$

$$G(x,y) = \sqrt{G_x(x,y)^2 + G_y(x,y)^2} \qquad (4\text{-}9)$$

$$\alpha(x,y) = \tan^{-1}((G_y(x,y))/(G_x(x,y))) \qquad (4\text{-}10)$$

③ 为每个细胞单元格（cell）都构建梯度方向直方图。

④ 将细胞单元格组合成大的块（block），把块进行归一化，得到梯度直方图。

⑤ 收集块特征。如图 4-5 所示，采用滑动窗口的方法，用 block 对样本图像进行扫描，扫描步长为一个单元格，类似卷积。最后把所有归一化后的 block 特征串联起来，得到特征向量。

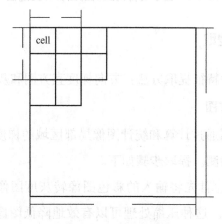

**图 4-5  收集块特征**

### 2.灰度共生矩阵

一幅图像的灰度共生矩阵包含了图像的方向、相邻间隔、变化幅度等方面的综合信息。1973 年，哈拉利克（Haralick）利用纯数学的观点，对灰度共生矩阵的纹理特征进行了分析，并给出了一种基于灰度共生矩阵的纹理描述方法。该方法的本质是统计距离为 $d$ 的一组灰度为 $i$ 的像素 $(x,y)$ 和灰度为 $j$ 的像素 $(x+d_x, y+d_y)$ 同时出现的次数 $p(i,j,d,\theta)$，即

$$p(i,j,d,\theta) = [(x,y),(x+d_x,y+d_y)\,|\,f(x,y)=i, f(x+d_x,y+d_y)=j] \qquad (4\text{-}11)$$

式中，$x$, $y$=0,1,2,$\cdots$,$N$–1 是图像中的像素坐标；$i$, $j$=0,1,2,$\cdots$,$L$–1 是灰度值；$d_x$、$d_y$ 是位置偏移量；$d$ 是生成灰度共生矩阵的步长；$\theta$ 是生成方向，因为

是单元格形式，所以可以取 0°、45°、90°、135° 4 个方向，从而生成不同方向的共生矩阵。为了使特征值不受区域范围的影响，还要进行归一化处理，于是得到下式：

$$ASM = \sum_{i=0}^{L-1}\sum_{j=0}^{L-1}[p(i,j,d,\theta)] \qquad (4\text{-}12)$$

$$ENT = \sum_{i=0}^{L-1}\sum_{j=0}^{L-1}p(i,j,d,\theta)\ln p(i,j,d,\theta) \qquad (4\text{-}13)$$

$$Con = \sum_{i=0}^{L-1}\sum_{j=0}^{L-1}(i-j)^2[p(i,j,d,\theta)] \qquad (4\text{-}14)$$

$$IDM = \sum_{i=0}^{L-1}\sum_{j=0}^{L-1}\frac{p(i,j,d,\theta)}{[1+(i-j)^2]} \qquad (4\text{-}15)$$

式中，角二阶矩（Angular Second Moment，ASM）表示能量，它的变化反映了图像灰度分布均程度和纹理的粗细度；熵（Entropy 或 ENT）表明了图像灰度分布的复杂程度；对比度（Cantrast 或 Com）用于度量图像灰度矩阵的值是如何分布的，以及图像中局部变化的程度；逆差矩（Invese Different Msreat，IDM）表示图像纹理局部变化的大小。

这 4 个特征之间并没有相关性，能够有效地反映出光学和遥感影像的纹理特性，既方便了计算，也易于识别。为了提高图像的灰度等级，可将其灰度级别从计算时间和纹理的可分性两级缩减到 9 个级别，同时在参数不变的情况下，选择 4 个方向的平均值作为纹理特征参数，步长 $d$ 是 1。通过灰度共生矩阵的定义，可得到原始图像的灰度共生矩阵，并根据公式进行规格化，得到 4 种灰度共生矩阵下的纹理特征，并将其用于分类。

### 4.3.3　基于 SVM 算法的汉语方言声调分类实现

本节使用 SVM 算法对语谱图进行图像分类，通过对语谱图的分类以达到对汉语方言声调识别的目的。由于所使用的语谱图是来自北方官话地区的单字语谱图，因此有 4 个类型的调值，属于多分类问题。

分类采用了 sklearn 库中的 svm.SVC 函数，该函数如下所示。

```
SVC(C=1.0,kernel='rbf ',degree=3,gamma='auto',coef0=0.0,shrin
king=True, probability=False,tol=0.001,cache_size=200,class_
weight=None,verbose=False, max_iter=-1,decision_function_
shape=None,random_state=None)
```

很多变量可以选择默认值，下面介绍一些常用的参数。

kernel：核函数，默认为 rbf，可以选择 linear、poly、rbf、sigmoid 和 precomputed。

degree：多项式 poly 函数的维度，默认值为 3，选择其他核函数时会被忽略。

gamma：rbf、poly 和 sigmoid 核函数的参数，默认为 auto

coef：对于 poly 和 sigmoid 有效，为核函数的常数项。

probability：选择是否采用概率估计，默认为 False，如果选择 True，可以在训练时使用 predict_proda 和 predict_log_proba 方法。

shringking：选择是否使用启发式收缩，默认为 True。

tol：停止训练的误差值大小，默认为 1e-3。

cache_size：核函数 cache 大小，默认值为 200。

max_tier：最大迭代次数，-1 为无限制。

本节只采用了未预处理的支持向量机方法，为了比较不同核函数下的图像分类准确率，代码如下：

```
# -*- coding: utf-8 -*-
from sklearn.svm import SVC
import os
import random
import struct
import numpy as np
from sklearn.metrics import classification_report
```

```
import torchvision
from sklearn import svm
from sklearn.metrics import accuracy_score,precision_score

data_dir = filename
print("读入图片数据!")
full_data = torchvision.datasets.ImageFolder(root=data_dir,
        transform=torchvision.transforms.Compose([
        torchvision.transforms.Resize([224, 224]),   # 裁剪图片
        torchvision.transforms.ToTensor(),]))       # 将图片数据转
                                                     # 成 tensor 格式
target_names = full_data.class_to_idx
print("划分为 train 和 test 为 8：2 !")
random_seed = 42
shuffle_dataset = True
dataset_size = len(full_data)
indices = list(range(dataset_size))
split = int(np.floor(0.2 * dataset_size))
if shuffle_dataset:
    np.random.seed(random_seed)
    np.random.shuffle(indices)
train_indices, test_indices = indices[split:], indices[:split]
train_sampler = torch.utils.data.SubsetRandomSampler(train_indices)
test_sampler = torch.utils.data.SubsetRandomSampler(test_indices)

train_loader = torch.utils.data.DataLoader(full_data,
batch_size=len(train_sampler), sampler=train_sampler)
test_loader = torch.utils.data.DataLoader(full_data, batch_
size=len(test_sampler), sampler=test_sampler)
test_path = torch.utils.data.DataLoader(full_data.imgs,
batch_size=1, sampler=test_sampler)
dataiter = iter(train_loader)
x_train, y_train = dataiter.next()
```

```
dataiter = iter(test_loader)
x_val, y_val = dataiter.next()

#SVM 分类
kernel_list=['linear','poly','rbf','sigmoid']# 设置核函数
accuracy_max=0
best_kernel=None

for kernel in kernel_list:# 使用不同的核函数进行分类
    svm=SVC(kernel=kernel)
    clf=svm.fit(x_train.reshape(len(x_train),-1),y_train)
    y_val_pred=clf.predict(x_val.reshape(len(x_val),-1))
    accuracy=accuracy_score(y_val_pred,y_val)# 求测试集分类准确率
    matrix = classification_report(y_val_pred, y_val)# 求分类指标
    print(matrix)# 打印分类指标
    print("SVM kernel:{:8}\tval_accuracy:{:.2f}%".
    format(kernel,accuracy))
    if accuracy>accuracy_max:# 获取最大准确率的核函数
    accuracy_max=accuracy
    best_kernel=kernel
print("\nbest_kernel:{:8}\tval_accuracy:{:.2f}%".format(best_
kernel,accuracy_max))
```

本书将山东临沂地区 7 个城市的单字语谱图进行支持向量机的分类识别，将语谱图数据集按照 8∶2 的比例进行训练集和测试集的划分，经过训练后测试集的识别准确率见表 4-1。其中，普通话的识别准确率最高，这说明普通话的语谱图对声调的描述更加准确，平邑方言的分类准确率也达到了 99%，这说明该地区的声调类型区分度较其他地区明显。Sigmoid 核函数的准确率最低，说明不适合语谱图的图像分类，在所有地区中，linear 和 poly 核函数表现较为出色。接下来的实验中，也可以加入特征提取方法，进一步提升识别准确率。

表 4-1　不同核函数的 SVM 分类准确率比较

| 城市 | linear 准确率 /% | poly 准确率 /% | rbf 准确率 /% | Sigmoid 准确率 /% |
|---|---|---|---|---|
| 费县 | 77 | 77 | 75 | 37 |
| 郯城 | 84 | 86 | 81 | 33 |
| 兰山 | 85 | 88 | 83 | 35 |
| 平邑 | 98 | 97 | 97 | 35 |
| 临沭 | 95 | 93 | 95 | 38 |
| 沂水 | 90 | 91 | 88 | 34 |
| 莒南 | 85 | 87 | 78 | 36 |
| 普通话 | 98 | 99 | 96 | 34 |

## 4.4　总结

本章介绍了支持向量机的概念和原理并通过使用支持向量机对语谱图进行了图像分类：先采用人耳听辨的方式标注每张图像所属的声调类别，将所有图像分为训练集和测试集，对训练集进行学习，再对测试集进行分类，采用不同的核函数并讨论了哪种核函数更适合语谱图的分类。

# 第 5 章 基于卷积神经网络的汉语声调识别

## 5.1 人工神经网络简介

### 5.1.1 人工神经网络

人工神经网络（Artifical Neural Network，ANN）是一种通过模拟大脑神经组织来传输计算信息的机器学习方法。ANN 以神经元为单位，以由许多神经元组成的复杂网络为基础，通过仿真来模拟神经元的生理响应特性。从某种意义上说，它反映了人类大脑的学习和运算的本质特征。尽管要想彻底理解人类的行为还需要很长一段时间，但是在一些基本的认知和记忆方面，ANN 已经显示出巨大的潜力。

人工神经网络是人类对人类智力活动的一种探索，产生于 20 世纪初。后来，明斯基（Minsky）证明了单层感知器无法完成异或逻辑功能，这使得这一领域的研究陷入了停滞 [36]。美国科学家霍普菲尔德（Hopfield）于 20 世纪 80 年代中期提出联想 - 记忆神经网络的模型，对其发展起到了很大的促进作用 [37]。鲁姆哈特（Rumelhart）等人在多层感知器方面取得的突破性成果，使神经网络再度受到重视，并推动了 20 世纪 90 年代神经网络的研究 [38]。尽管现在的神经网络研究没有 20 世纪 90 年代那么广泛，但是它的深度和广度却远远超出了以往。随着人类对于大脑的智力活动的探索，以及脑神经科学的兴起，人工神经网络的研究一定会有更大的发展。

人工神经网络可以通过使用已有的计算机对生物神经网络进行一些结构和功能的仿真。组成人工神经网络的 3 个基本要素如下。

① 神经元，是神经网络的基本处理单位，也就是网络中的节点或网点。

通常，其功能是将几个输入的权重相加，并对其进行非线性处理，再将其输出。

② 网络拓扑，指神经元之间的连接方式和网络的构造。根据连接的方式，可将其划分为反馈式和无反馈式两种。前者是指神经元间有一个反馈回路。在无反馈网络中，若神经元分层，各层神经元仅与上层神经元相连，则称之为前馈网络。

③ 训练（学习）网络的算法，是一种确定连接各个神经元的初始权重和阈值，并在加入训练模式后对其权重进行调节的算法。在此基础上，对神经元间的连接权重和神经元自身的阈值进行了相应的调整，从而达到了预期的效果。

根据现有的研究结果，人工神经网络是一种利用生物神经网络进行学习的大型非线性系统，其主要目的是模拟生物神经系统来处理现实生活中的各种信息。人工神经网络具有以下几个主要特征。

① 自适应和自学习复杂不确定问题。

② 能够表达任意的非线性关系。

③ 具有非线性动态特性的网络优化性能。

④ 具备分布和存储海量的定性和定量信息以及并行处理的能力。

⑤ 具有容错能力的并行分布处理结构。

⑥ 具有较好的鲁棒性，如果部分或者局部神经元故障，则不会对全局运行有影响。

长期以来，人们希望通过对人体的神经系统进行研究，创造出一种智能电脑，用来模仿人脑的信息处理方式。构建 ANN 的目的在于利用与人的神经元相似的模型，来实现与人类相似的信息处理能力。ANN 是一种具有独特个性的信息处理系统，它是由许多简单的处理单元（即神经元）彼此相连而形成的。这个系统能够进行培训，并且能够根据类别的经验来持续提高自己的表现。同时，由于具有高度的平行性，它能够迅速识别和容错。这些特性使其在语音信号的处理中具有特殊的应用价值。人工神经网络模型是一种具有特殊意义的语音信号处理工具。传统的语音信号处理系统仅仅是一个象征性的系统，它对语音信号的处理是串行处理方式，这与人类的感知过程是不同的。与之相比，人工神经网络是一种由许多简单的处理单元（称为神经元或节点）彼此间广泛联系而构成的并行处理网络。尽管各神经元的结构与功能都非常简单，但是由大量神经元组成的网络却是分布式储存信息的，这种分布的并行处理特点使其具备较强的自组织性、自学习性、高容错性和高鲁棒性。

目前，人工神经网络在语音分析、语音数据压缩、语音合成、语音识别等方面得到了广泛的应用。在语音信号处理方面，人工神经网络的研究不论在理论上还是在实际中都取得了长足的进步。目前，人们对人工神经网络用于语音信号的研究，主要是从听觉神经模型中获得灵感，而在语音信号处理（尤其是识别）方面，构造出一批具有相似功能的人造系统。尽管人工神经网络的信息处理方法与生物神经系统相似，但实际上生物神经系统要复杂得多。以人类的听力为例，人类的耳蜗包含了大约 25 000 个毛细胞和 30 000 条听神经，耳蜗中的神经细胞大约有 90 000 个，大约有 1000 万个神经元在听觉皮质中。这是人工神经网络所不能比拟的，因此，有人将人工神经网络比作生物神经系统中的一滴水。

本章将简要地描述人工神经网络模型的基本原理，解释卷积神经网络模型如何实现图像分类的过程，并搭建一个简单的卷积神经网络实现对语谱图的声调分类。

### 5.1.2 神经元

首先，简单地介绍一下实际的生物神经元。通过对生物神经元的研究，研究人员发现其基本的作用机理如下：一种生物神经元具有两种状态，一种是激发状态，另一种是抑制状态。在正常情况下，当生物神经元被输入多个不同的生物神经元产生兴奋电位时，这些信号以代数和的形式叠加在一起，当总数量超出临界点时，该神经元就会被激活，产生一种信号，然后传递给其他神经元。

人工神经网络模拟人脑结构，它的基本单位是人工神经元，也叫节点或网点。它的功能是将几个输入加权求和，然后进行非线性运算。最简单的节点如图 5-1 所示，它是一个多输入单输出的节点，具有内部阈值。它还具有非线性的特征。神经元的非线性特征反映了神经元的激活程度，而内部的阈值则是神经元从自发释放到被激发的转变的临界点。

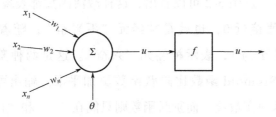

**图 5-1　最简单的神经元结构**

在图 5-1 中，$x_1, x_2, \cdots, x_n$ 是来自其他神经元的 $n$ 个输入；$w_1, w_2, \cdots, w_n$ 为调节输入连接程度的权重；$\theta$ 是神经元阈值。输入给函数的总量为

$$u = \sum_{i=1}^{n} w_i x_i - \theta \qquad (5\text{-}1)$$

那么，神经元的输出为

$$y = f(u) \qquad (5\text{-}2)$$

式中，$f$ 为神经元的激活函数，它是一个非线性函数。按照式（5-1）及激活函数计算活性神经元的通常称为感知器。通常使用的激活函数有阶跃激活函数（或称阈值逻辑特性函数），例如：

$$f(u) = \begin{cases} 1 & u \geqslant 0 \\ 0 & u < 0 \end{cases} \qquad (5\text{-}3)$$

还有最常使用的 S 形函数，如 Sigmoid 函数：

$$f(u) = \frac{1}{1 + e^{-\beta u}} \qquad (5\text{-}4)$$

式中，$\beta$ 是一个常数，它可以控制 S 形曲线弯曲部分的倾斜程度。图 5-2 给出了上述两种神经元激活函数的曲线图形，其中，图 5-2（a）是阶跃激活函数曲线图形，图 5-2（b）是 Sigmoid 激活函数曲线图形。

　　一般来说，选择激活函数的原则一是要使它具有非线性，以便计算复杂的映射；二是应尽量使其具有可微性，以便使运算简化。由于表示神经元兴奋状态与否只有"0"和"1"两种状态，因此激活函数也可以仅用两个值来表示两种状态。从图 5-2 可以看出，这种激活函数都表现了当输入很小、为负时，输出值接近 0，也就是神经元"不兴奋"；随着输入变大，输出值接近 1，甚至为 1，表示神经元"兴奋"。这是两种激活函数的相同点；不同点是 Sigmoid 函数比阶跃函数更加平滑。输出可以发生连续性变化，也可以返回实数值，而阶跃函数则只能在"0"和"1"之间变化。

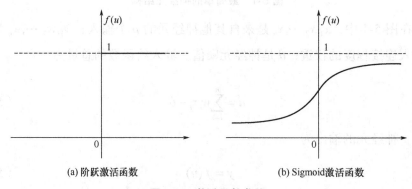

(a) 阶跃激活函数　　　　　　　　　　(b) Sigmoid激活函数

**图 5-2　激活函数曲线**

　　由于实际问题多采用实数，并且算法要求必须输出函数可微，Sigmoid 函数是最常用的函数之一。它还具有以下特点。

　　① 非线性和单调性。

　　② 无限次可微。

　　③ 当权值很大时，可近似阶跃函数。

　　④ 当权值很小时，可近似线性函数。

　　现阶段还有一个激活函数是常用的，那就是 ReLU（Rectified Linear Unit）函数。该函数在 $u>0$ 时，直接输出原值；在其他情况下，输出 0。函数如下：

$$f(u) = \begin{cases} u & u > 0 \\ 0 & u \leqslant 0 \end{cases} \tag{5-5}$$

激活函数使得在分类过程中，不仅可以采用直线进行划分，还可以采用曲线，增加了划分的非线性方式。

### 5.1.3　神经元的学习算法

几乎所有神经网络学习算法都可以看作赫步（Hebb）学习规则的变形。赫步学习规则的基本思想是：当前一个神经元和后一个神经元同时兴奋或抑制时，则两个神经元的连接增强，即权重变大；反过来，若同一时刻两者状态相反，则连接减弱，即权重变小。

具体到前述的神经元模型，可以将赫步学习规则表现为

$$\Delta w_i = \eta y x_i \tag{5-6}$$

式中，$\Delta w_i$ 是对第 $i$ 个权值的修正值；$\eta$ 是控制学习速度的系数。这一规则模仿了人类学习的过程，只要不断地进行记忆、建立联系、刺激神经元，那么两个神经元的连接越紧密，记得越牢。

现阶段人工神经网络都是以 Hopfield 网络模型为基础的，它是一种单层反馈神经网络，并且具有联想记忆的功能，在学习时进行记忆，然后通过反馈机制反向推理对网络参数进行修正，在不断地"记忆""修正"中，完成"学习"，就像我们所说的对知识点的"消化吸收"过程，最后就可以实现联想的功能。

### 5.1.4　网络拓扑

网络拓扑主要涉及网络的构造和节点的连接方式。按连接方式的不同，可以将其划分为反馈神经网络和非反馈神经网络。前者有一个反馈回路，后者没有这个回路。在非反馈神经网络中，如果神经元的结构是层状的，并且每个神经元都与上层神经元相连，那么这种神经网络就叫作前馈神经网络。在传统的前馈神经网络中，网络中的每一个节点都不具备存储器的作用，其

输出仅取决于当前输入、网络参数和网络结构。而反馈神经网络的输出取决于目前的输入、上一次的输出、网络的参数和结构，因而具有短时记忆的特性。此外，网络的输入点和输出点可以直接受外部环境的影响，因此被称作可见层，而其他中间部分叫作隐蔽层。

### 5.1.5 网络学习算法

神经元的学习规则描述了神经元之间如何模拟人类学习方式来建立稳固的联系。而网络学习算法以保证网络的性能为目的，来确定每个节点的初始权重和权重的调节。学习方式可以分为有监督和无监督两种。前者是一种有导师学习方式，在训练的时候，可以将输入和输出信息都提供给网络，通过不断地输入不同的训练模式来调节权重，让输出模式尽可能地贴近模型；后者为无导师学习方式，是一种通过添加训练模式不断调节权重，从而使得输出具有共同特征的输入训练方式。

我们所选择的训练算法与所受训练的神经网络的结构密切相关，因而在不同的网络架构下，形成了多种不同的训练算法。在这些方法中，最常用的方法是 BP 算法。

## 5.2 BP 神经网络

BP 神经网络是一种基于误差反向传播的多层前馈神经网络，它是最常用的一种神经网络模型。该模型采用最大速度下降方法，利用反向传播的方法，对网络进行权重和阈值的调整，以减小网络误差的平方和。BP 神经网络的学习过程由两个阶段组成，一是由输入层到隐藏层，再到输出层，这个阶段是前向传播过程；二是误差的反向传播过程，从输出层到隐藏层，再到输入层，对输出层、输入层的权重和偏置量进行调整。

图 5-3 为 BP 神经网络的基本结构，包含 3 部分：输入层、隐藏层和输出层。如果输入层的节点个数为 $n$，则输入为 $x_1, x_2, \cdots, x_n$；隐藏层的节点个数为 $l$，输出层的节点个数为 $m$。输入层节点 $i$ 到隐藏层节点 $j$ 的权重为 $w_{ij}$，

隐藏层节点 $j$ 到输出层节点 $m$ 的权重为 $w_{jm}$，输入层到隐藏层的偏置为 $b_j$。可以设激活函数 $f$ 为 Sigmoid 函数。

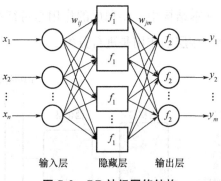

**图 5-3　BP 神经网络结构**

通过图 5-3 可以看出，BP 神经网络的每一层都是全连接的，假设输入的图像是 $100 \times 100 \times 3$ 像素的，在输入层到隐藏层的某个节点将有 $100 \times 100 \times 3$ 个权重需要训练，这会使计算量呈指数级增长。为了降低图像的维数，卷积神经网络被提出，即在神经网络中首先使用卷积对图像进行降维，在降维的同时保存了图像的局部特征，以便后面的"学习"。下面介绍现在被广泛使用的卷积神经网络。

## 5.3　卷积神经网络

### 5.3.1　卷积神经网络简介

卷积神经网络是一种前向神经网络，通常具有深度结构，近年来在计算机视觉识别中得到了广泛的应用。其权重分配策略不但可以减少模型的复杂度和参数的数目，而且在多维数据的情况下，该策略的优点更加突出。该方法可以将图像直接输入网络中，避免了传统的特征提取和数据重构的烦琐步骤。同时，卷积神经网络是一种用于多维信息的多层次感知器，它可以在一定程度上实现对图像对象的平移、旋转和缩放。

### 5.3.2 卷积神经网络图像识别原理

卷积神经网络的结构通常包括卷积层、池化层和全连接层 3 部分[39]，如图 5-4 所示。在该基本结构中，卷积层的作用是特征提取，池化层的作用是进行压缩数据，全连接层的作用是进行分类。

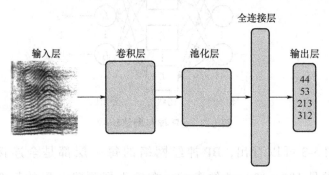

**图 5-4　卷积神经网络结构图**

卷积神经网络在对图片进行分类时，首先要对网络进行训练，即"学习"。利用输入的训练样本，先通过前向传播计算得到分类结果；再通过与原本所属类型比较，将差值反向传播回网络，通过反向计算来修正网络中神经元的权值和偏置参数；当测试样本的分类结果达到要求时（识别误差小于一定范围），则保留网络中的参数，表示已经训练好网络，可以实际应用了。如图 5-5 所示，卷积神经网络的训练过程分为两个阶段。第一个阶段数据由低层次向高层次传播，即前向传播阶段；另外一个阶段，当前向传播得出的结果与预期不相符时，将误差从高层次向低层次进行传播训练，修正网络参数，即反向传播阶段。

步骤一：网络进行权值的初始化，包括每个神经元的权值和偏置量，初始化方法依据不同的网络结构设计和不同用途，有时全部设置为 0，有时使用固定值。

步骤二：输入数据经过卷积层、池化层、全连接层的前向传播得到输出值，即分类结果。

步骤三：求出网络的输出值（分类结果）与目标值（原有类型）之间的

误差。

步骤四：当误差大于我们的期望值时，将误差传回网络中，以此求得全连接层、池化层、卷积层的误差，当误差等于或小于我们的期望值时，结束训练。

步骤五：根据求得误差进行权值更新，然后回到步骤二。

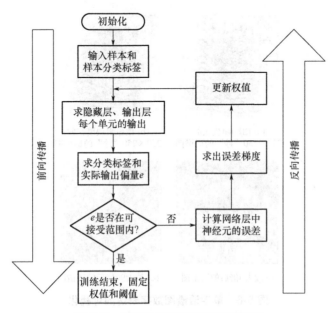

**图 5-5　卷积神经网络的训练流程图**

在计算机内部，图像是由像素组成的，$250 \times 250$ 的图像由 $250 \times 250$ 个像素组成。每个像素都由数值表示，称为像素值。黑白图像的每个像素值只有一个，取值范围为 $0 \sim 255$，取 0 时为黑，取 255 时为白，其间的其他像素值是黑白之间的灰色；彩色图像的每个像素值由 3 个值组成：红（R）、绿（G）、蓝（B），因此大小为 $250 \times 250$ 的彩色图像由一组 $250 \times 250$ 的三维向量组成。语谱图是一个彩色图像，虽然用肉眼观察是黑、白、灰的，但实际上图像中的每个像素点都由红、绿、蓝三个值表示。将语谱图输入程序中，对图像的处理就是对这些像素值的计算。

单字语谱图数字表达的可视化如图 5-6 所示，图 5-6（a）是声调为 213 的单字语谱图，$250 \times 250$ 像素，图 5-6（b）是将每个像素的 RGB 值放在表格中填充颜色后得到的几乎与原图相似的图片；将图 5-6（b）放大后，得到图 5-6（c）和图 5-6（d），可以更加清楚地观察到每个像素点的颜色和 RGB 值。我们输入程序中的数据就是这 250×250 个像素点的 RGB 值。下面介绍卷积层、池化层和全连接层对图像数据的计算过程，具体描述前向传播的训练过程。

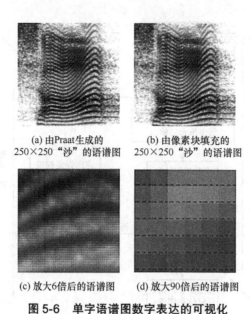

(a) 由Praat生成的
250×250 "沙" 的语谱图

(b) 由像素块填充的
250×250 "沙" 的语谱图

(c) 放大6倍后的语谱图

(d) 放大90倍后的语谱图

**图 5-6　单字语谱图数字表达的可视化**

### 1. 卷积层

卷积层的任务是特征提取。当输入一张语谱图时，首先通过一系列卷积核对图片的像素值、进行卷积运算，并利用激活函数引入非线性表达，提取特征。

如图 5-7 所示，将一个 "Y" 图像用 7×7 的 RGB 值分为 3 张单色图片，采用卷积对每一张单色图片进行计算。一般来说，浅层特征（如角点、边缘、线条）由底层卷积层获取，高层的抽象信息是对浅层特征的整合。为了便于计算，我们将像素值用个位数表示，即得到图 5-7 中第三幅图 "简化后单色像素值矩阵"。采用 3×3 的卷积核在第三幅图上进行滑动，做先乘后加计算就得到卷积后的图——最后一幅图。可以看出，3×3 的卷积核是检

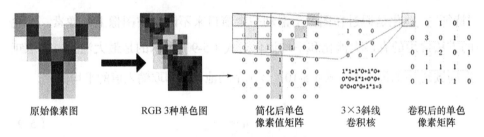

原始像素图　　　RGB 3种单色图　　　简化后单色　　　3×3斜线　　　卷积后的单色
　　　　　　　　　　　　　　　　　　像素值矩阵　　　卷积核　　　　像素矩阵

**图 5-7　7×7 "Y" 图像的卷积过程**

验从左上到右下的斜线。卷积后，这个方向的数值增大，其他部分的数值没有增大，突出了这个方向的线条。不同的卷积核检验不同的线条特征，通过卷积计算将图片中的边缘、线条、角点等特征保留，没有该特征的部分值很小，可以忽略，这种方式可以识别出图像的局部特征。卷积计算完成后，都会加入一个激活函数 ReLU，使输入和输出数据的关系非线性化，即为一条曲线，因为曲线比直线能够表示输入中更为复杂的变化。ReLU 函数是式（5-7）中的 $f(x)$，表示当输入为非负时，输出将与输入相同；而当输入为负时，输出均为 0。那么，一个加入 ReLU 激活函数的神经网络输出可以表示为

$$\text{output} = f\left(\sum_{i=1}^{n}\text{input}_i K_i + b\right) \tag{5-7}$$

$$f(x) = \begin{cases} x & x \geqslant 0 \\ 0 & x < 0 \end{cases} \tag{5-8}$$

式中，$\text{input}_i$ 是第 $i$ 个输入，$K_i$ 是卷积核，$b$ 为偏置参数。偏置时，为了模仿神经元被激活的控制程度，即 $b$ 越大，表示输入很小的时候就能够激活神经元，激活该神经元就可以通过该神经元输出信息。$K_i$ 实现了卷积操作，提取了图像的部分特征。

**2. 池化层**

卷积后所提取的特征数据是巨大的，因此需要池化层对卷积特征进行降维处理。池化后可以生成更小的特征图，并且这些更小的特征图具有平移不变性，可以突出某个特征的存在性，而不是位置，它们表现了输入特征图的

"特征"。池化是通过在图像上滑动一个窗口来不断压缩图像上的像素。池化的方法常用的有最大池化和平均池化。式（5-9）表示的是最大池化，即取矩形局域 $R_{ij}$ 中的最大值。式（5-10）表示平均池化，即取输入值的平均值[39]。

$$y_{ij} = \max_{(p,q) \in R_{ij}} x_{pq} \tag{5-9}$$

$$y_{ij} = \frac{1}{|R_{ij}|} \sum_{(p,q) \in R_{ij}} x_{pq} \tag{5-10}$$

举个例子，一般我们采用 $2 \times 2$ 最大池化，即取得 4 个像素方格的最大值，图 5-7 中卷积后的矩阵进行 $2 \times 2$ 最大池化后得到图 5-8。

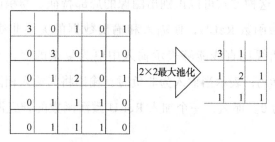

图 5-8　$2 \times 2$ 最大池化结果

### 3. 全连接层

最后的数据会经过一个全连接层，全连接层包括一个或多个隐含层。每个神经元都会接受前一层的全部数据，并加入新的偏置参数，经过一个叫作 Softmax 的函数，计算得到输入图片属于不同类型的概率：

$$S_i = \frac{e^{\text{output}_i}}{\sum_j e^{\text{output}_j}} \tag{5-11}$$

依据概率大小就能判断该图像属于哪一类型。例如，假设图 5-9 是图 5-8 池化后得到的 3 个特征矩阵，转化为一维向量后，经过分类函数计算得到 0.87 和 0.13 两个概率，0.87 表示该图片是" Y "的可能性为 87%，0.13 表示该图片是" X "的可能性为 13%，因此可以得到分类结果，该图片属于" Y "类。

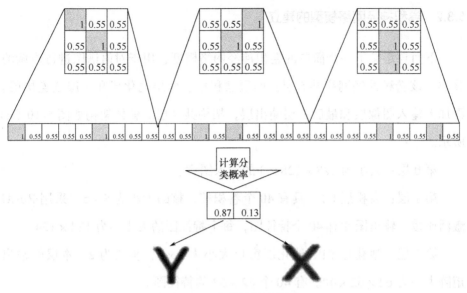

图 5-9　分类结果计算图

　　以上就是前向传播的计算过程，即通过将输入的图片数据进行卷积、池化再经 Softmax 函数计算得到分类的结果。但是，初始化的网络参数不一定符合输入数据的特征，可能提取的特征也不符合分类要求，因此当输出的结果与训练样本原类型不相符或者误差偏量过大时，则进行反向传播计算，通过误差更新网络中的参数，逐渐缩小分类结果与原有类型的差距，使网络参数更加适应输入数据的特征。计算出网络总的误差，求出输出层 $n$ 的输出 output 与目标值 $a$（已知样本原有类型）之间的误差。计算误差的函数被称为损失函数。有很多计算误差的方法，根据深度学习的训练目的不同，会使用不同的损失函数，如完成分类任务的交叉熵损失函数、完成回归任务的绝对误差损失函数等。本书是多分类任务，因此所使用的是交叉熵损失函数：

$$\text{Loss} = -\sum_{i=1}^{n} a_i \lg(S_i) \tag{5-12}$$

式中，$S_i$ 是式（5-11）计算得到的分类结果，$a_i$ 是原本的类型信息，Loss 表示分类偏差。有了 Loss，就可以根据前向传播的计算过程反向推导，得到新的权重和偏置。

### 5.3.2 卷积神经网络模型的建立

下面自定义了一个简单的卷积神经网络模型，用于对语谱图进行声调的分类。该卷积神经网络共 5 层：两层卷积层、两层池化层和一层全连接层。再加上输入图像层和最后一层输出层，架构共 7 层。整体架构如图 5-10（a）所示。

第 0 层：大小为 128×128×3 的输入图像。

第 1 层：卷积层 C1。具有 40 个卷积核，核的大小为 5×5，采用 ReLU 激活函数。输出图片有 40 个特征图，每个特征图的大小均为 124×124。

第 2 层：池化层 P1。池化层窗口大小为 2×2，步长为 2。本层的输出矩阵大小为 62×62×40。有 40 个 62×62 的特征图。

第 3 层：卷积层 C2。具有 40 个卷积核，核的大小为 4×4。本层的输出矩阵大小为 59×59×40。采用 ReLU 激活函数。有 40 个 59×59 的特征图。

第 4 层：池化层 P2。池化层窗口大小为 2×2，步长为 2。本层的输出矩阵大小为 29×29×40。有 40 个 29×29 的特征图。

第 5 层：全连接层，本层输出节点个数为 400。每张特征图的大小均为 1×1。

第 6 层：本层输入节点个数为 400，输出节点个数为 4，总共参数有 400×4+4=1604 个。

图 5-10（b）为卷积后的图片对比。第 1 层是第一次卷积后的 40 个特征图中的 4 个特征图片；第二层是第一次池化后的结果图片。可以看出，第一层主要突出了条纹的特点。而条纹就是表达声调变化的主要部分。第三层是第二次卷积后的结果，图片保留了更少的信息；第四层是第二次池化后的结果，已经只剩很少的信息了。

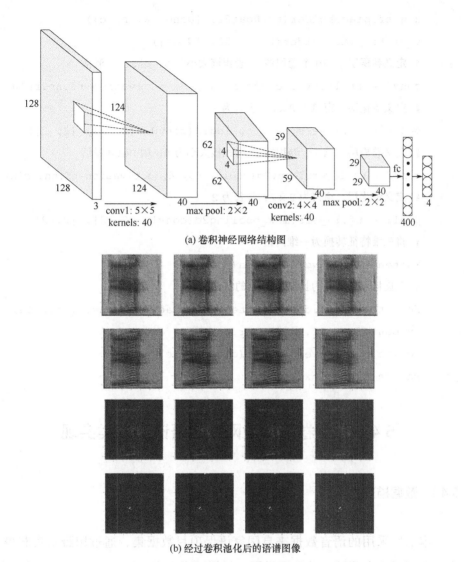

(a) 卷积神经网络结构图

(b) 经过卷积池化后的语谱图像

**图 5-10　卷积神经网络结构图与卷积后的结果图**

在 Python 语言中，有很多库可以用来搭建卷积神经网络。下面我们使用 tensorflow 库搭建一个简单的卷积神经网络，包含一个卷积层、一个池化层和一个全连接层。网络结构如图 5-10（a）所示，代码如下：

```
def buildCNN(w, h, c):
    # 占位符
```

```
x = tf.placeholder(tf.float32, [None, w, h, c])
y_ = tf.placeholder(tf.int32, [None])
# 定义卷积层，20 个卷积核，卷积核大小为 5，用 ReLU 激活
conv0 = tf.layers.conv2d(x, 40, 5, activation=tf.nn.relu)
# 定义池化层，窗口为 2×2，步长为 2
pool0 = tf.layers.max_pooling2d(conv0, [2, 2], [2, 2])
# 定义卷积层，40 个卷积核，卷积核大小为 4，用 ReLU 激活
conv1 = tf.layers.conv2d(pool0, 40, 4, activation=tf.nn.relu)
# 定义池化层，窗口为 2×2，步长为 2
pool1 = tf.layers.max_pooling2d(conv1, [2, 2], [2, 2])
# 将三维特征转换为一维向量
flatten = tf.layers.flatten(pool1)
# 全连接层，转换为长度为 100 的特征向量
fc = tf.layers.dense(flatten, 400, activation=tf.nn.relu)
dropout_fc = tf.layers.dropout(fc, drop)
logits = tf.layers.dense(dropout_fc, 4)
return logits, x, y
```

## 5.4 基于卷积神经网络的语谱图分类实现

### 5.4.1 数据描述

本书所采用的语音数据来自国家语保项目数据集，通过田野采集获得。本节采用了山东郯城的单字语谱图。根据中古入声字演变，郯城方言是较为典型的中原官话[38-39]。根据《中国语言地图集·汉语方言卷》第 2 版 B1-5 的分区，郯城方言属中原官话兖菏片[40]。"郯城全县语法一致，词汇差异细微，语音则存在明显差异，根据口音，可分为郯中、郯南、郯西、郯北四片[38]。"其中，郯中片方言变化较为明显，主要表现为中古入声的今调类变化与普通话趋同。

发音人，男，汉族，出生于 1961 年 2 月，山东郯城人。其父母及配偶均是郯城人，均说郯城方言，本人会说费县方言、普通话、英语。发音人人生经历大致为：1961 年出生在山东省郯城县郯城街道团结社区，1967—1978年小学、中学求学，1978 年至今在郯城街道务农。

郯城方言有四种调值，它们分别是 24、44、51、213。我们选取了1080 个单字调语谱图，经过过采样平衡后获得 1431 个语谱图。每个图片大小统一为 128×128。训练时，按照 8∶2 的比例将数据集分为训练集和测试集，分别有 1144 张图片和 287 张图片。

## 5.4.2　实验步骤

由于语谱图片是灰色条纹，先对图片进行了增强操作，使其更加清晰，黑白分明，便于学习。黑灰色条纹变化趋势是图片的特征，因此仅对图片进行了对比度和锐度的增强，没有进行翻转、平移等操作，避免影响对条纹变化的识别。然后进行图片的尺寸统一。数据共分为 4 类，但不平衡，采用过采样的方式平衡数据集后，再将数据分为 8∶2 的训练集和测试集，随机读入数据，每次读入 8 个进行训练。具体的分类算法如下。

第一步：生成语谱图。

第二步：图片增强处理。采用过采样平衡数据集，然后进行对比度和锐度增强，统一大小为 128×128。

第三步：数据预处理。读入图片数据集，进行归一化处理，打乱顺序，均匀训练数据。

第四步：进行训练。小型数据集的训练很容易过拟合，因此加入了dropout，随机隐藏一些神经元，但由于我们的网络结构较为简单，dropout的参数取值也不能过大。

第五步：计算损失。使用 Softmax。

第六步：优化。使用 Adam 优化。

第七步：判断是否达到指定训练次数，如果没有，则回到第四步，继续进行下一次训练；如果达到，则结束训练。

第八步：可视化训练结束。

### 5.4.3 实验结果

应用 Python 语言进行程序实现，在训练多次、每次 50 代后，得到了 99.3% 的最好测试准确率，损失率为 3.7%。测试准确率和损失率如图 5-11 所示，图中位于上部的曲线为测试准确率曲线，在训练过程中逐渐趋于 1.0。下部的曲线为损失率曲线，在训练过程中逐渐趋于 0。训练一直趋于较好的趋势，并能够较快地收敛，训练时间短，也不需要采用超性能的计算机硬件设施。

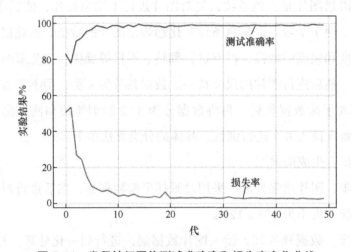

图 5-11　卷积神经网络测试准确率和损失率变化曲线

## 5.5　总结

本章介绍了人工神经网络的基本构造和原理，解释了卷积神经网络如何实现图像分类的过程；建立了一个有利于小样本数据集的卷积神经网络模型，通过多次训练，得到了较为满意的训练结果；使用田野采集的山东郯城方言进行声调类别的识别实验，测试准确率可达 99.3%。

# 第6章  基于深度学习的汉语声调识别

第 5 章介绍了如何使用卷积神经网络进行语谱图像的声调分类，并建立了一个包含 3 种层的简单卷积神经网络模型。在实际应用中，卷积神经网络更多的是通过实现多层的隐藏层完成从局部特征到整体特征的整合。多层卷积神经网络又称为深度学习方法。深度学习方法是现阶段应用于图像识别最为成熟的方法之一，尤其是针对大规模数据集，通过模仿人脑神经"学习"和"归纳"的行为，自动计算与数据集特征相匹配的模型参数，以达到最优训练模型，用于分类识别。下面详细介绍深度学习方法的原理及 4 种经典深度卷积神经网络模型的构成，解释深度学习方法是如何对图像数据进行"学习"和"分类"的。

## 6.1  深度学习方法

深度学习指多层的人工神经网络。人工神经网络是一种模仿脑神经单位"神经元"工作原理的数据处理模型。人工神经网络由大量的人工神经元相互连接成网络，根据输入的数据来改变自身的结构；通过调整神经元之间的权值对输入的数据进行建模，在不断地更新、迭代与计算后，获得解决问题的能力。人工神经网络经常应用于模式分类中，其将分类好的数据输入神经网络中，通过迭代"学习"（训练）不断调整网络模型中的参数，直到符合数据与其分类标签的一致要求，即建立分类模型，再将该模型应用于未分类的数据上进行模式识别。但是，人工神经网络因为训练速度慢、容易过拟合和梯度消失等问题，在机器学习领域并不占优势。2006 年，辛顿（Hinton）等人对神经网络增加了很多的隐藏层，同时在计算机硬件支持下，该复杂模型通过训练后表现得更好[41]。随后，在 2012 年的 ImageNet 大赛中，AlexNet[42] 结构采用了深度卷积神经网络，即使用了多层卷积神经网络，以大比分赢得冠军，使得深度卷积神经网络在图形处理领域大放异彩。至此，深度学习方法主要采用卷积神经网络，并在图像识别领域取得了大量的研究成果，同时基于卷积神经网络也出现很多不同结构的深度学习模型。

## 6.2　深度神经网络模型

自 2006 年深度学习概念提出后，深度神经网络模型层出不穷，许多研究学者提出了阶段性的经典模型。这些经典模型采用了不同层数的卷积层、池化层，并加入不同局部处理，包括激活函数、损失函数、优化函数等，使深度神经网络模型对图像识别越来越准确，应用也越来越广泛。在这些经典模型的基础上，研究人员又进行了补充、改进和完善，加入了更多的预处理、修正等局部处理方法，力图在一定程度上提高分类效果。由于所需处理的数据集特点各不相同，因此，有时会根据数据集特点在经典模型的基础上进行改进，以满足不同数据集的需求。现阶段 4 种常用的经典模型有 AlexNet、GoogLeNet、ResNet 和 VGGNet。表 6-1 显示了 4 种不同深度学习模型的结构，可见，从 2012 年提出的 AlexNet 模型到 2015 年提出的 ResNet 模型，深度卷积神经网络的层数越来越多，即神经网络的深度越来越深，但越深的卷积神经网络对数据量少的样本数据集越容易陷入过拟合，即训练时准确率高，而测试时准确率低。下面介绍每种经典模型的基本结构和特点，并通过 Python 代码演示如何构建各种深度神经网络模型。

表 6.1　4 种深度学习模型结构对比

| 模型名 | 提出时间 / 年 | 层数 / 个 | 卷积层数 / 个 | 卷积核大小 / 个 | 全连接层数 / 个 | 全连接层大小 / 个 |
|---|---|---|---|---|---|---|
| AlexNet | 2012 | 8 | 5 | 11, 5, 3 | 3 | 4 096, 4 096, 1 000 |

（续）

| 模型名 | 提出时间 / 年 | 层数 / 个 | 卷积层数 / 个 | 卷积核大小 / 个 | 全连接层数 / 个 | 全连接层大小 / 个 |
|---|---|---|---|---|---|---|
| VGGNET | 2014 | 19 | 16 | 3 | 3 | 4 096, 4 096, 1 000 |
| GoogLeNet | 2014 | 22 | 21 | 7, 1, 3, 5 | 1 | 1 000 |
| ResNet | 2015 | 152 | 151 | 7, 1, 3, 5 | 1 | 1 000 |

### 6.2.1　AlexNet 模型

AlexNet 模型是 2012 年由多伦多大学的亚历克斯·克里日夫斯基（Alex Krizhevsky）和杰弗里·辛顿（Jeffry Hinton）提出的[43]，并在同年计算机视觉大赛中一战成名。该模型使用了 8 层卷积神经网络，其中有 5 个卷积层和 2 个全连接隐藏层，以及 1 个全连接输出层。第一层的卷积窗口是 $11 \times 11$，第二层卷积窗口为 $5 \times 5$，之后的都是 $3 \times 3$。此外，第一、第二和第五卷积层之后都使用了大小为 $3 \times 3$、步长为 2 的最大池化层。最后全连接层有 4096 个输出量。所有的激活函数都使用了 ReLU 函数。该模型第一次使用了 ReLU 非线性激活函数，并使用了防止过拟合的 Dropout 方法，依概率删除了一些神经元。这样做使得每次生成的网络结构都不一样，通过组合多个不同的网络能有效地减少过拟合。但是第一层用了 11 个卷积核，导致计算量非常大。

```
class AlexNet(nn.Module):
  def __init__(self, num_classes=4, init_weights=False):
    super(AlexNet, self).__init__()
    self.features = nn.Sequential(
      nn.Conv2d(3, 48, kernel_size=11, stride=4, padding=2),
        # 输入 224×224×3 的图像 [3, 224, 224],输出 55×55×48 的
        # [48, 55, 55]
```

```
        nn.ReLU(inplace=True),
        nn.MaxPool2d(kernel_size=3, stride=2),
            # 输出 [48, 27, 27]
        nn.Conv2d(48, 128, kernel_size=5, padding=2),
            # 输出 [128, 27, 27]
        nn.ReLU(inplace=True),
        nn.MaxPool2d(kernel_size=3, stride=2),
            # 输出 [128, 13, 13]
        nn.Conv2d(128, 192, kernel_size=3, padding=1),
            # 输出 [192, 13, 13]
        nn.ReLU(inplace=True),
        nn.Conv2d(192, 192, kernel_size=3, padding=1),
            # 输出 [192, 13, 13]
        nn.ReLU(inplace=True),
        nn.Conv2d(192, 128, kernel_size=3, padding=1),
            # 输出 [128, 13, 13]
        nn.ReLU(inplace=True),
        nn.MaxPool2d(kernel_size=3, stride=2),
            # 输出 [128, 6, 6]
    )
    self.classifier = nn.Sequential(
        nn.Dropout(p=0.5),
        nn.Linear(128 * 6 * 6, 2048),
        nn.ReLU(inplace=True),
        nn.Dropout(p=0.5),
        nn.Linear(2048, 2048),
        nn.ReLU(inplace=True),
        nn.Linear(2048, num_classes),
    )
    if init_weights:
        self._initialize_weights()
```

```
def forward(self, x):
  x = self.features(x)
  x = torch.flatten(x, start_dim=1)
  x = self.classifier(x)
  return x

def _initialize_weights(self):
  for m in self.modules():
    if isinstance(m, nn.Conv2d):
      nn.init.kaiming_normal_(m.weight,mode='fan_out',
      nonlinearity='relu')
      if m.bias is not None:
        nn.init.constant_(m.bias, 0)
    elif isinstance(m, nn.Linear):
      nn.init.normal_(m.weight, 0, 0.01)
      nn.init.constant_(m.bias, 0)
```

## 6.2.2　VGGNet 模型

2014 年，来自牛津大学的 VGGNet 模型获得了 ImageNet 挑战赛的亚军，其有两个版本：VGG16 和 VGG19。其中，VGG16 包含除最大池化层和 Softmax 层外的 16 个卷积层，而 VGG19 由 19 个层组成。

基于所有层中大小为 $3 \times 3$ 的卷积滤波器，通过添加更多的卷积层，可以增加网络深度，图像以步长 1、填充值 1 通过一系列卷积层。整个网络中的卷积大小都是 $3 \times 3$，最大池化层以步长 2 通过 $2 \times 2$ 的窗口滑动，然后是另一个卷积层，后面是三个全连接层。前两个全连接层各有 4096 个神经元，第三个全连接层有 1000 个神经元，主要负责分类。最后一层是 Softmax 层。所有的隐含层都使用了 ReLU 激活函数。统一且较小的卷积核，使得计算加快，而网络层数增加，使得性能提高了。

```
class VGG(nn.Module):
```

```
def __init__(self, features, num_classes=1000, init_
weights=False):
  super(VGG, self).__init__()
  self.features = features
  self.classifier = nn.Sequential(
    nn.Dropout(p=0.5),
    nn.Linear(512*7*7, 2048),
    nn.ReLU(True),
    nn.Dropout(p=0.5),
    nn.Linear(2048, 2048),
    nn.ReLU(True),
    nn.Linear(2048, num_classes)
  )
  if init_weights:
    self._initialize_weights()

def forward(self, x):
  # N×3×224×224
  x = self.features(x)
  # N×512×7×7
  x = torch.flatten(x, start_dim=1)
  # N×512×7×7
  x = self.classifier(x)
  return x

def _initialize_weights(self):
  for m in self.modules():
    if isinstance(m, nn.Conv2d):
      nn.init.xavier_uniform_(m.weight)
      if m.bias is not None:
        nn.init.constant_(m.bias, 0)
    elif isinstance(m, nn.Linear):
```

```
nn.init.xavier_uniform_(m.weight)
# nn.init.normal_(m.weight, 0, 0.01)
nn.init.constant_(m.bias, 0)
```

## 6.2.3　GoogLeNet 模型

在 2014 年的 ILSVRC（ImageNet 挑战赛）中，谷歌发布了自己的网络模型 GoogLeNet。它有 22 层，3 种滤波器（ $1\times1$ 、 $3\times3$ 、 $5\times5$ ），最大池化层是 $3\times3$ 的，也都使用了 ReLU 函数。该模型在同一层将不同尺寸的卷积核并联放置，可以有不同大小的感受野，来提取不同特征，并且最后进行拼接，也就是将特征进行了融合。特征的融合提取可以增加分类的准确率。

```
class GoogLeNet(nn.Module):
  def __init__(self, num_classes=1000, aux_logits=True,
  init_weights=False):
    super(GoogLeNet, self).__init__()
    self.aux_logits = aux_logits

    self.conv1 = BasicConv2d(3, 64, kernel_size=7, stride=2,
    padding=3)
    self.maxpool1 = nn.MaxPool2d(3, stride=2, ceil_
    mode=True)

    self.conv2 = BasicConv2d(64, 64, kernel_size=1)
    self.conv3 = BasicConv2d(64, 192, kernel_size=3,
    padding=1)
    self.maxpool2 = nn.MaxPool2d(3, stride=2, ceil_
    mode=True)

    self.inception3a = Inception(192, 64, 96, 128, 16,
```

```
32, 32)
self.inception3b = Inception(256, 128, 128, 192, 32,
96, 64)
self.maxpool3 = nn.MaxPool2d(3, stride=2, ceil_
mode=True)

self.inception4a = Inception(480, 192, 96, 208, 16,
48, 64)
self.inception4b = Inception(512, 160, 112, 224, 24,
64, 64)
self.inception4c = Inception(512, 128, 128, 256, 24,
64, 64)
self.inception4d = Inception(512, 112, 144, 288, 32,
64, 64)
self.inception4e = Inception(528, 256, 160, 320, 32,
128, 128)
self.maxpool4 = nn.MaxPool2d(3, stride=2, ceil_
mode=True)

self.inception5a = Inception(832, 256, 160, 320, 32,
128, 128)
self.inception5b = Inception(832, 384, 192, 384, 48,
128, 128)

if self.aux_logits:
  self.aux1 = InceptionAux(512, num_classes)
  self.aux2 = InceptionAux(528, num_classes)

self.avgpool = nn.AdaptiveAvgPool2d((1, 1))
self.dropout = nn.Dropout(0.4)
self.fc = nn.Linear(1024, num_classes)
if init_weights:
```

```python
        self._initialize_weights()

    def forward(self, x):
        # N×3×224×224
        x = self.conv1(x)
        # N×64×112×112
        x = self.maxpool1(x)
        # N×64×56×56
        x = self.conv2(x)
        # N×64×56×56
        x = self.conv3(x)
        # N×192×56×56
        x = self.maxpool2(x)

        # N×192×28×28
        x = self.inception3a(x)
        # N×256×28×28
        x = self.inception3b(x)
        # N×480×28×28
        x = self.maxpool3(x)
        # N×480×14×14
        x = self.inception4a(x)
        # N×512×14×14
        if self.training and self.aux_logits:
        # eval model lose this layer
            aux1 = self.aux1(x)

        x = self.inception4b(x)
        # N×512×14×14
        x = self.inception4c(x)
        # N×512×14×14
        x = self.inception4d(x)
```

```python
        # N×528×14×14
        if self.training and self.aux_logits:
        # eval model lose this layer
          aux2 = self.aux2(x)

        x = self.inception4e(x)
        # N×832×14×14
        x = self.maxpool4(x)
        # N×832×7×7
        x = self.inception5a(x)
        # N×832×7×7
        x = self.inception5b(x)
        # N×1024×7×7

        x = self.avgpool(x)
        # N×1024×1×1
        x = torch.flatten(x, 1)
        # N×1024
        x = self.dropout(x)
        x = self.fc(x)
        # N×1000 (num_classes)
        if self.training and self.aux_logits:
        # eval model lose this layer
          return x, aux2, aux1
        return x

    def _initialize_weights(self):
      for m in self.modules():
        if isinstance(m, nn.Conv2d):
          nn.init.kaiming_normal_(m.weight,mode='fan_out',
          nonlinearity='relu')
          if m.bias is not None:
```

```
        nn.init.constant_(m.bias, 0)
    elif isinstance(m, nn.Linear):
        nn.init.normal_(m.weight, 0, 0.01)
        nn.init.constant_(m.bias, 0)
```

## 6.3.4 ResNet 模型

由于 VGGNet 模型增加了网络层并得到了较好的效果,之后的模型网络层数就越来越多,但出现了训练集准确率下降、错误率上升的现象。这是由于模型太复杂,计算变得困难,从而导致模型达不到好的学习效果,于是出现了 ResNet 模型。该模型由微软提出,并在 2015 年的 ImageNet ILSVRC 挑战赛中拔得头筹。ResNet 引入了能够跳过一层或多层的方法,基本结构相当于 VGGNet 结构反复重复后更深的网络,但可以通过向神经网络添加连接来跳过多个层。这种方法并不会给网络增加额外的参数和计算量,但可以大大增加模型的训练速度,提高训练效果。

以上 4 种经典深度学习模型各有特点,虽然提出的年份有先有后,但并不能以某一标准判定哪个模型是最好的。有的模型简单、容易训练,有的模型提取特征丰富,但层数多。依据不同数据集的特征,同一网络模型的表现也是不同的。因此,本书采用 4 种不同的深度学习模型进行实验,观察不同深度下的识别结果,以此考察深度学习对汉语方言单字声调的识别能力,同时选取效果最好的深度学习模型,应用于未来的汉语方言声调的研究。

```
class ResNet(nn.Module):
    def __init__(self,
            block,
            blocks_num,
            num_classes=1000,
            include_top=True,
            groups=1,
            width_per_group=64):
```

```python
        super(ResNet, self).__init__()
        self.include_top = include_top
        self.in_channel = 64

        self.groups = groups
        self.width_per_group = width_per_group
        self.conv1 = nn.Conv2d(3, self.in_channel, kernel_
size=7, stride=2,
                        padding=3, bias=False)
        self.bn1 = nn.BatchNorm2d(self.in_channel)
        self.relu = nn.ReLU(inplace=True)
        self.maxpool = nn.MaxPool2d(kernel_size=3, stride=2,
padding=1)
        self.layer1 = self._make_layer(block, 64, blocks_num[0])
        self.layer2 = self._make_layer(block, 128, blocks_
num[1], stride=2)
        self.layer3 = self._make_layer(block, 256, blocks_
num[2], stride=2)
        self.layer4 = self._make_layer(block, 512, blocks_
num[3], stride=2)
        if self.include_top:
        self.avgpool = nn.AdaptiveAvgPool2d((1, 1))
                                    # output size = (1, 1)
          self.fc = nn.Linear(512 * block.expansion, num_classes)

    for m in self.modules():
      if isinstance(m, nn.Conv2d):
        nn.init.kaiming_normal_(m.weight,mode='fan_out',
        nonlinearity='relu')

    def _make_layer(self, block, channel, block_num,
stride=1):
```

```
downsample = None
if stride != 1 or self.in_channel != channel * block.
expansion:
    downsample = nn.Sequential(nn.Conv2d(self.in_channel,
    channel * block.expansion,kernel_size=1,stride=
    stride, bias=False),
    nn.BatchNorm2d(channel * block.expansion))
layers = []
layers.append(block(self.in_channel,
        channel,
        downsample=downsample,
        stride=stride,
        groups=self.groups,
        width_per_group=self.width_per_group))
self.in_channel = channel * block.expansion

for _ in range(1, block_num):
    layers.append(block(self.in_channel,
        channel,
        groups=self.groups,
        width_per_group=self.width_per_group))

return nn.Sequential(*layers)

def forward(self, x):
    x = self.conv1(x)
    x = self.bn1(x)
    x = self.relu(x)
    x = self.maxpool(x)

    x = self.layer1(x)
```

```
x = self.layer2(x)
x = self.layer3(x)
x = self.layer4(x)

if self.include_top:
  x = self.avgpool(x)
  x = torch.flatten(x, 1)
  x = self.fc(x)

return x
```

# 6.3　基于深度学习的汉语方言声调分类的实现

本书使用汉语方言单字语谱图进行两种实验,以实现深度学习对汉语方言单字声调的分类。通过分类评价指标讨论深度学习方法在汉语方言声调识别中的应用效果,然后进行对比实验,发现在实际应用中,只需要人耳听辨预先标注 200 条语音数据,就可以辅助田野调查中的 1000 个单字语音声调的分类,为实际应用提供数据支持。

## 6.3.1　数据来源及数据特征

数据来源于田野调查,是山东省有声资源数据库的调查数据。调查点为山东省平邑县,发音人 1949 年出生于山东省临沂市平邑县,汉族,男性,小学文化,一直居住在平邑,而且没有长时间在外地生活的经历,家人语言环境比较纯粹,也没有受到其他方言和语言的影响,并且年龄较大,对该地区的方言掌握熟练,是理想的田野调查对象。

我们以老年男性发音人的 1000 个单字语音为分类对象,有的字有两个读音,共计 1034 个语音样本。根据方言研究人员的听辨音,该地区方言有 4 个调值,分别为阴平 213、阳平 53、上声 44 和去声 312,其中调值 213 的单字有 345 个，调值为 53 的单字有 237 个，调值为 44 的单字有 166 个，调值为 312 的单字有 286 个。根据中古入声字的今调类分化，平邑方言属于官话大区的中原官话区。据调查，阴平 213 在起始处有短暂的低降调 21，后半部分的升调 13 时长较长。去声 312 在起始处是一个时长较长的降调 31，升调 12 部分则较短。

我们将单字语音数据集中的每条单字语音生成一张 250×250 像素的语谱图，每张语谱图都包含了每个单字的发音特征。由于数据集规模较小，为了减少模型需要考虑的变化量，以及提高训练效率，我们在进行卷积神经网络训练之前对图片进行增强，包括对比度增强、锐度增强、水平翻转和归一化处理。

### 6.3.2  实验步骤

为了证明深度学习是可以应用于汉语方言单字声调分类的，在实验部分，我们将平邑地区田野调查得到的单字语音数据分为训练集和测试集两部分，训练集用于训练网络，测试集用于测试训练好的网络的声调分类效果。

由于数据集较小，且每类数据数目不均衡。为了保证分类效果，我们将平邑单字调语谱图平均分成 5 份，进行 4:1 五折交叉训练验证。即将一组作为验证数据，其余四组作为训练数据，循环交叉实验。每个模型训练 10 次，求平均值。实验步骤如下。

第一步，利用 praat 生成单字 250×250 像素大小的三通道语谱图。每张语谱图都已经由语音学研究学者通过人耳听辨标注了声调类型。

第二步，将 1034 张语谱图根据所属声调类型放入不同文件夹，并平均分成 5 份，生成 5 组实验样本。

第三步，进行语谱图训练数据的读入。读入其中 4 份实验样本用于训练，同时将图片进行预处理，包括随机裁剪、水平方向随机翻转、图像增强等操作，获取图像像素数据及所属声调类型数据。

第四步，将图像数据和声调类型数据输入已经定义好的深度神经网络，进行训练，保留训练结果最好的模型参数用于验证。

第五步，读入剩余的 1 份实验样本，获取图像数据及所属声调类型数据，输入第四步训练好的模型中，由深度神经网络计算得出图像数据的类别，与实际正确类别进行比较，计算分类效果。

第六步，显示分类评估结果，评估最终模型的分类性能。

### 6.3.3　实验结果分析

本节进行了两种实验，一种是使用 4 种不同的经典深度卷积神经网络模型对山东平邑地区的单字语谱图进行声调分类实验，通过分类指标评估分类的有效性和可行性。第二种实验是在不同的训练集和测试集的比例下，对比表现最优秀的深度学习模型的分类效果，进一步讨论在实际应用中，最少可以使用多少语谱图进行训练才能得到理想的分类准确率。

#### 1. 深度学习模型的性能对比

实验结果见表 6-2，在 4 种模型中，GoogLeNet 的准确率达到 99.8%，AlexNet 和 ResNet 模型的准确率达到 99.6%，只有 VGGNet 模型稍微低一些，但也达到了 97%。除 VGGNet 模型外，其他 3 个模型的查准率在 99.9% 左右，表明 3 种类型的语谱图分类效果较为稳定，相互干扰较小；查全率在 99.4% 左右，表明这 3 种深度学习模型对每种声调类型的准确率较高；F1 值也在 99.5% 左右，表明这 3 种模型的分类性能优秀，不论数量较少的样本还是数量较多的样本，都可以较为准确地识别为正确的类型，不受样本不均衡的影响。由此可见，利用深度卷积神经网络对单字语谱图的声调识别效果表现优异，通过有效训练，深度学习是可以应用在单字声调类型识别领域的。从另一角度看，语谱图作为表示声调的一种形式，也是较为全面的，要比数字音频更加容易进行人工智能的学习。

表 6-2　4 种深度卷积神经网络声调实验结果

| 深度学习模型 | 查准率 /% | 查全率 /% | F1 值 /% | 准确率 /% |
|---|---|---|---|---|
| AlexNet | 99.857 1 | 99.346 9 | 99.387 8 | 99.660 0 |
| ResNet | 99.898 0 | 99.469 4 | 99.591 8 | 99.693 9 |
| VGGNet | 97.700 0 | 96.820 0 | 97.180 0 | 97.420 0 |
| GoogLeNet | 99.941 2 | 99.431 4 | 99.568 6 | 99.820 0 |

**2. 4 种调值分类错误分析**

虽然深度学习在单字声调识别上的评估指标较为理想，但可以通过对分类结果的统计，分析出哪种调值识别错误率较高。每个模型都运行了 10 次，统计 10 次中识别错误的语谱图可发现，识别错误的语谱图较为集中，其中 44 调值在 4 种深度学习模型中识别出错的语谱图比例最高，如图 6-1 所示。在准确率最高的 GoogLeNet 模型训练中，100 张 44 调值的语谱图中有 2 张识别错误，其他调值的出错率较小，100 张同类型的语谱图不到 1 张分类出错。据统计，44 调值会被错误识别为 213 调值和 53 调值，其中被错误识别为 213 调值的情况较多；213 调值会被识别为 44 调值；53 调值会被识别为 44 调值，这说明，存在 44、53 和 213 调值相互被识别错误的情况。同样，312 调值会被错误识别为 53 调值或者 213 调值。这都与 213 调值和 312 调值变化幅度不大有关，这说明在语谱图卷积过程中，声调起止位置的特征可能被忽略，前半部分的变化如果时长太短，可能无法提取其变化特征，导致过分强调了后半部分的特征，因此会出现 213 调值和 312 调值被错误识别为 44 或 53 调值的情况。

**3. 特殊语谱图的分析**

在进行的 10 次重复分类操作中，AlexNet 模型将"可"识别错误 9 次，将"碗"识别错误 8 次；ResNet 模型将"可"识别错误 9 次，将"碗"识别错误 7 次；GoogLeNet 模型将"碗"识别错误 8 次；VGGNet 模型将

"可"识别错误9次,将"碗"识别错误9次,将"国"识别错误9次。由此可见,"可"和"碗"的识别错误率非常高,分别达到90%和80%,并且都是44调值被识别错误为213调值。如图6-2所示,图6-2(a)是"可"的语谱图,图6-2(b)是"碗"的语谱图。由于"可"的发音时间较短,所以语谱图生成谐波条纹较短,在语谱图特征提取时无法获得正确的声调类型特征;而"碗"声母的发音使得前面出现弯头,在语谱图特征提取时也提取到该特征,因此和"弯"识别为同一声调类213。由此可见,对于声调的特征依旧保持在中段,与元音和韵尾相关[29],且与发音时长有关。极个别的语谱图并没有影响声调分类的准确率,反而可以通过深度学习迅速寻找具有特别声调发音的单字,能够帮助研究者进行汉语方言声调研究。

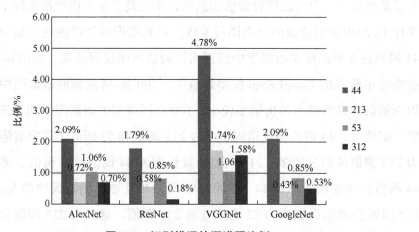

图6-1　识别错误的语谱图比例

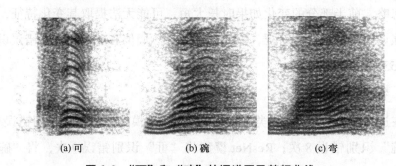

(a)可　　　　　　(b)碗　　　　　　(c)弯

图6-2　"可"和"碗"的语谱图及基频曲线

**4. 训练数据和测试数据的比例与声调识别准确率的关系**

在田野调查中，依据调查字表进行采集录音，数据大概有 1000 左右。因此，需要我们继续讨论训练数据集和测试数据集的比例对声调识别准确率的影响。希望在实际应用中，可以采用较少的训练数据集进行模型训练，并应用于剩余的语谱图声调分类中，以辅助研究者们的听辨工作，提高研究效率。我们将平邑 1034 张语谱图依据每个类型平均分为 5 份，依次选取了不同的训练数据集和测试数据集比例进行训练测试。

图 6-3 表明，在比例为 4:1 时，即约 827 张语谱图参与训练时，声调分类准确率为 99.82%；其次是训练数据集有 3 份，即约 620 张语谱图参与训练，测试数据集为 2 份时，准确率为 98.93%；随着训练数据集越来越小，声调的分类准确率下降。依据深度学习方法的原理，训练数据集越大，越能有效地提取分类特征，保证识别的准确率。因此，当训练数据集只有 100 多张语谱图时，识别平均准确率已经降到 89.12%。但当参与训练的语谱图为 207 张时，准确率仍有 95.77%，甚至某次训练后测试最高可以达到 96.92%，即我们可以采用 200 张的语谱图进行模型训练，将剩余的 800 多张语谱图进行自动分类识别，准确率仍能达到 95%，仅有 40 张语谱图有可能分类错误。以上结果表明，深度学习方法大大提高了批量声调识别的效率，也证明了深度学习方法可以作为田野调查中单字声调的预分类处理，能够有效辅助学者对声调的分类和研究工作。

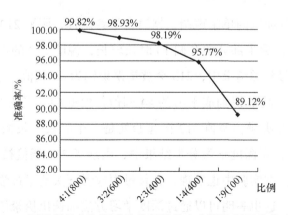

**图 6-3　不同训练集和测试集比例的单字声调识别平均准确率**

### 6.3.4 结论

通过实验，我们得到如下结论。

① 深度学习方法是能够有效应用于汉语方言单字声调自动批量分类的。同时，语谱图表达声调特征比基频和梅尔倒谱系数有更明显的优势。

在以往的研究中，利用基频或者梅尔倒谱系数进行普通话的声调识别，最高的准确率是沈凌洁等人的 87.6%[22]，而采用 GoogLeNet 模型对单字语谱图的声调识别准确率可以达到 99.8%，高于单纯使用基频、梅尔倒谱系数或者二者的融合数据作为分类数据集。通过分析分类指标，我们发现对于每种调值类型样本不一致的情况，深度学习方法也表现出了非常好的分类性能。在实际田野调查应用中，深度学习可以实现较高的分类准确率，辅助人耳听辨，提高研究学者们的工作效率。

通过采用不同比例的训练样本和测试样本，我们只需要 200 个训练样本，就可以实现准确率为 95% 的声调自动批量分类；如果有 500 个样本，分类的准确率可以达到 98%。该方法在汉语方言田野调查研究中是有一定应用价值的。

② 通过对分类错误的语谱图进行统计，可以辅助语言研究者较快地筛选出声调较为特别的单字，同时利用错误语谱图可以分析出声调的发音特点。

例如，平邑地区的单字声调，据语言学者调查，阴平 213 在起始处有短暂的低降调 21，后半部分的升调 13 时长较长，说明 213 的声调变化幅度不大。在深度学习分类结果中，213 会被错误识别为 44 调值，也说明由于 213 变化幅度不大，其被识别成平滑的 44 调值，恰好验证了人耳听辨的结论。那么，依据人耳听辨，调值 312 在起始处是一个时长较长的降调 31，升调 12 部分则较短，在深度学习分类结果中，出现了 312 调值被错误识别为 53 或 213 的情况。在实验中也发现，音长过短或者开头能量过强，都会影响声调的特征提取，这也表明可以通过深度学习方法筛选出摄录语音较短和发音强度不均衡的语音数据，以此辅助研究者筛选出摄录不合格的音频，重新补录，完善汉语方言语音数据库的建设。

## 6.4　总结

本章介绍了深度神经网络的基本结构及几种经典神经网络的组成，并通过语谱图的图像分类进行了实验比较，发现深度学习可以应用于语谱图的分类，帮助语音学者进行汉语方言单字声调的识别研究。在田野采集较为困难的情况下，可以通过人耳听辨标注 200 个语谱图进行模型训练，可以得到 95% 以上的识别准确率，因此可以证明深度学习是适用于汉语方言单字声调的批量自动识别的。通过比较不同的网络模型，发现网络模型的识别效果相差不大。同时，深度学习对语谱图分类与人耳听辨的方言发音特征一致，其筛选出的识别错误率较高的单字声调也证明了声调特征的声学特点。

# 第7章 基于生物计算的汉语声调识别

## 7.1 生物计算简介

目前，我们还在使用传统的硅基计算机，超导计算机、量子计算机、光计算机等高性能计算机还没有普及到大众的生活中，生物计算也是如此。

生物计算是一个以生物启发为基础的高效计算模式。生物计算的发展包括进化计算、分子计算、细胞计算等。其中，进化计算以模拟、抽象和模仿生物系统演化过程的优化算法，如遗传算法、蚁群算法、鱼群算法等，在许多领域得到了广泛的应用；分子计算以 DNA 计算为代表，使用以 DNA 分子为信息的载体，通过一系列的生物化学过程，在反应过程中实现 DNA 分子的计算，具有并行和海量存储的优点；细胞计算是一种以细胞和组织间的交互作用来表达的方法，通过模拟细胞间的信息传输方式来设计新的计算模型。

1998 年，罗马尼亚科学院院士、欧洲科学院院士庞（Paun）首次以细胞膜为基础，建立了膜计算的第一个模型，而后在此基础上进行了大量的工作 [44]。该计算称为膜计算，也是此后生物计算领域的研究热点，其研究目的是从细胞、组织和神经系统的生物结构和信息处理策略出发，开发分布式并行计算模型，由此产生的系统被命名为膜系统。根据模型组织结构的不同，膜计算主要包括细胞型膜系统 [44]、组织型膜系统 [45] 和神经型膜系统 [46]。而在这几种模型中，神经型膜系统因为模拟了神经元解决问题的方式，结合近年来的神经网络模型，又成为近年来膜计算领域的重要研究课题。

脉冲神经膜（Spiking Neural P，SNP）系统由伊内斯库（Ionescu）等人提出，是指基于生物脉冲及中枢神经系统的脉冲传输模式[47]。在脉冲神经膜系统中，信息的编码和处理方法与传统的神经网络是完全不同的。在脉冲神经膜系统中，神经元的信号经过一系列的规则处理，其中包含激励规则和遗忘规则。激励规则是用来控制神经元的激励行为的，它可以确定脉冲的消耗和邻近神经元的脉冲数目。遗忘规则是从神经元中删除一定数目（预先确定）的脉冲。

罗伊（Roy）描述了属于第三代神经网络的共同特征：①神经元的脉冲应当包括时间概念；②神经元不在每个传输周期中都被激励，只有当膜电位或脉冲达到某一阈值时，神经元才会受到激励；③各种编码方法可用于说明脉冲序列是具有真正价值的数值[48]。由于脉冲神经膜系统具有三代神经网络特性，因此该系统属于第三代神经网络。

## 7.2　脉冲神经膜系统原理

### 7.2.1　脉冲神经膜系统的基本概念

脉冲神经膜系统是膜运算中的一个重要分支，其将膜系统与脉冲神经元结合起来，为脉冲神经网络研究提供了另一种研究思路。该系统在生成模式和接收模式两种情况下都拥有极强的运算能力，堪比图灵机。

在脉冲神经膜系统中，若限制了神经元细胞的数目，则会使模型的运算能力下降，从而使其成为半线性集合。与以往的方法相比，这种方法有许多不同点。例如，以往的方法都按不同的对象序列来表达，而现在则可以用同一对象来表达，而且这种对象的触发时间也不一样。因此，对于脉冲神经膜系统来说，时间是一种有效的编码方法，在作为一种重要计算资源的同时，也是一种支持数据的新方法。

在脉冲神经膜系统中，神经元之间的沟通和信息传输都是由一种称为"突触"的介质完成的。在脉冲神经膜系统中，每个脉冲即动作电位都是相同的，通常用字母 $a$ 来表示，当存在 $n$ 个脉冲时，用 $a_n$ 表示，因此，脉冲神经膜系统不再以字符串的形式对信息进行编码，而是采用了时间序列的方法。

在脉冲神经膜系统中，提供的拓扑结构都以有向图的形式表达，每个神经元在有向图中以节点为单位，神经元是否发出脉冲，由神经元的激励规则和遗忘规则决定，神经元之间的脉冲信号传递必须由神经元间的突触来实现，而脉冲信号的传输即为脉冲神经膜系统的运算。该系统通过最后一个输出神经元向周围环境传递结果。若用前两次脉冲向周围发射的时间间隔来表达计算结果，则该系统的作用是生成一个数值。

脉冲神经膜系统由 3 部分组成：单个神经元、神经元之间的突触和神经元内部的操作，其中操作规则又可分为激励与遗忘两种规则。激励规则可以表示为

$$\frac{E}{a^c} \to a^P; d \qquad (7\text{-}1)$$

式中，$E$ 代表一个字符 $a$ 的正则式，假定某一时刻，某一神经元中存在 $k$ 个脉冲，且 $a^k$ 为正则表达式，则在神经元内部激励规则的影响下，会消耗 $c$ 个脉冲，并在 $d$ 个延时后，生成 $p$ 个脉冲，随后立即将 $p$ 个脉冲发送给与神经元有突触连接的每个神经元。遗忘规则可用 $a^r \to \lambda$ 表达式来表示，只有在一个神经元中的脉冲数目达到 $s$ 时，才能激活遗忘规则，并在此神经元中耗尽 $s$ 个神经元，不会再生成新的脉冲。

脉冲神经膜系统是并行运算的，也就是说，每个神经元在同一时间根据自身的规律各自工作，但在神经细胞中，却是按照一定的顺序来运作的，即当神经元中的脉冲数量被用于多个规则时，由于序列性和规则性的不确定性，神经元只能在两个不同的神经元中选择一个作为目标。

若脉冲神经膜系统有一个输出结果，也就是在生成模式下，系统必须具有至少一个输出神经元，并将脉冲序列输入环境中，通常输出脉冲的时刻为"1"，非输出脉冲的时刻为"0"，所以脉冲序列的表达为二进制序列。脉冲

序列长度的有限和无限直接影响到系统的运算能否被终止。在识别模式下，脉冲神经膜系统中没有输出神经元，其输入神经元数目至少为1。

通常，脉冲神经膜系统的输出结果可以分为以下 5 种。

① 最常见的定义方法是以传送至周围的前两个脉冲时间间隔来表达该计算的结果。

② 在操作完成时，计算结果被定义为与输出神经元相对应的脉冲的总数量。

③ 该系统的计算结果定义为传送至周围的最初 $k$ 个脉冲间的距离或相继连续脉冲间的距离。

④ 将向周围输出的脉冲序列本身作为操作结果，在此情形下，标准脉冲神经膜系统作为二进制语言的产生装置，对于延展脉冲神经膜系统，则成为多进制语言的产生装置。

⑤ 在传输过程中，对系统中的一个特征进行标记，并通过若干神经元构成的通路进行系统的计算，这个通路则作为运算的结果。

## 7.2.2　脉冲神经膜系统的分类

脉冲神经膜系统作为一种新型的计算模型，国内外已有许多专家和学者对其进行了理论上的探讨，并进行了较为全面的归纳和总结。下面将介绍脉冲神经膜系统的几种类型。

### 1. 标准的脉冲神经膜系统（Standard SNP Systems，SSNPS）

在 SSNPS 中，每个脉冲都严格遵守激励和遗忘规则，并在一定条件下生成一个脉冲。这是最基础的脉冲神经膜系统。

### 2. 延展脉冲神经膜系统（Extended SNP Systems，ESNPS）

延展脉冲神经膜系统是一种具有延展激励机制的模型。在该系统中，所有的神经元至少包含一条延展激励规则。每一次激励都会产生一种以上的新脉冲，因此，在该系统中，脉冲的激励受到的约束较小，从而提高了运算能力。

### 3. 穷举使用规则的脉冲神经膜系统（SNP Systems with Exhaustive，SNPSE）

在这种脉冲神经膜系统中，每一神经元的工作方式都是并行的，即在每一次激励时，每一神经元都会尽量采用相同的激励规则，而不会限制它的激励次数，从而使神经元中的脉冲数量保持较少的数目。因此，该系统具有更强大的并行处理能力[49]。

### 4. 异步脉冲神经膜系统（Asynchronous SNP Systems，ASNPS）

异步脉冲神经膜系统是一种在非同步模式下工作的脉冲神经膜系统。当一个神经元细胞符合多条规则时，它可以随意地选取一条规则，也可以一条规则也不选。当这个神经元处于停滞状态时，还可以接受并处理其他神经元发来的脉冲信号，从而改变神经元细胞的脉冲信息，进而根据新的脉冲数量决定下一次的激励是否被激励。激励的条件可以是新的规则也可以是原有的规则，这会使神经元根据被激励的条件选择采用哪种处理操作。它还可以选择是否采用一个规则，也可以不用任何一种操作[50]。

### 5. 带反向脉冲的脉冲神经膜系统（SNP Systems with Antispikes，SNPSA）

从生物学的角度来看，脉冲代表兴奋，反脉冲代表抑制，在带反向脉冲的脉冲神经膜系统中，这两种脉冲都受到激励和遗忘规则的支配。当一个脉冲遇到另一个反向脉冲时，它们就会被抵消，从而消失，这是一种最高层级的规则，必须立刻执行，没有任何时间间隔，也不会对后续的规则造成任何影响[51]。

### 6. 分裂和抽芽的脉冲神经膜系统（SNP Systems with Neural Division and Budding，SNPSNDB）

神经干细胞是一种可以自我修复的生物，它可以利用自己的能力来完成老化与受损神经元的替换，一个成年人每天可以再生 3 万个神经元细胞。潘林强教授等人受到启发，设计了一种由生物膜构成的神经膜系统，即神经元具有分裂和抽芽功能。这个脉冲神经膜系统可以进行复制，即一个神经元可以分化为两个，而抽芽一次只能生成一种新的神经元，在解决某些特定问题时，这种功能发挥了很大的优势[52]。

**7. 同质脉冲神经膜系统（Homogeneous SNP Systems，HSNPS）**

曾湘祥等人提出了同质脉冲神经膜系统，这个系统很特别，其中的神经元细胞都是相同的，而且都遵循着同样的规则，是由简单的基本单元构成的。元胞自动机与该系统类似，它可以用一个简单的数学模型来求解复杂的问题。因为人类的大脑是由大量类似或相同的神经元细胞组成的，因此在一定程度上，这个模型与真实的大脑非常接近[53]。

**8. 带有阈值的脉冲神经膜系统（SNP Systems with Weights，SNPSW）**

汪隽（Wang J）等人提出了带有阈值的脉冲膜系统，它采用预先设定的阈值作为起始条件，而非上面所述的规则表达式，这与常规的脉冲神经膜系统不同。常规的脉冲神经膜系统基于脉冲数目来决定是否在规则表达式中执行指令，而这种基于规则表达式的判定过程会非常复杂[54]。

**9. 具有星型细胞控制的脉冲神经膜系统（SNP Systems with Astrocyte-like Control，SNPSAC）**

哺乳动物的大脑比其他动物要复杂，这种复杂的大脑是由一系列复杂的神经网络构成的。在该神经网络系统中，构成神经细胞的胶质细胞能够通过控制细胞外的离子或者其他化学物质来控制细胞。体型最大、分布最广的胶质细胞是星型胶质细胞。因此，宾得（A.Binder）等人提出了由星型胶质细胞控制的 SNP 系统。在这个系统中，星型的胶质细胞可以通过刺激、抑制脉冲来控制神经元。保恩（Pǎun）等人针对星型胶质细胞的脉冲神经膜系统，又提出了通过星型胶质细胞的抑制作用，使一个星型胶质细胞可以同时控制一个以上的神经元，而且每次只能选择一种神经元的突触让脉冲通过，这样可以使得其他突触上的脉冲消失[55]。

除了上述几种脉冲神经膜系统，还有轴突脉冲神经膜系统（SNP Systems Along the Axon，SNPAA）和串行脉冲神经膜系统（Sequential SNP Systems，SSNPS）[56]。脉冲神经膜系统的种类很多，其变化形式也很多，如带有催化剂的异步脉冲膜系统、脉冲可衰减和脉冲数有界的脉冲神经膜系统，还有具有不受神经元外部环境影响的脉冲神经膜系统，以及与时间无关的脉冲神经膜系统。本章所使用的脉冲神经膜系统是最新提出的具有门限的脉冲神经膜系统，门限使其具有记忆和遗忘功能，类似于便于处理时序问题的循环神经网络。语音的声调与时间相关，因此可以看作时序性数据，本章将使用该脉冲神经膜系统完成对汉语方言单字语谱图的声调识别。下面先介绍脉冲神经膜系统的形式化定义。

### 7.2.3 脉冲神经膜系统的形式化定义

脉冲神经膜系统由多个神经元组成。计算模型可以表示为一个有向图。图中的节点表示神经元，弧表示神经元之间的突触，脉冲信号在弧上传递。可以看出，神经网络可以由脉冲神经膜系统生动地表示。一个度 $m \geq 1$ 的脉冲神经膜系统的表达式为

$$\Pi = (O, \sigma_1, \sigma_2, \cdots \sigma_m, \mathrm{syn}, \mathrm{in}, \mathrm{out}) \tag{7-2}$$

式中：

（1）$O = \{a\}$ 表示只含有一个字母的集合，其中单字母 $a$ 是指一个脉冲。

（2）$\sigma_1, \cdots, \sigma_m$ 表示存在于系统 $\Pi$ 中的 $m$ 个神经元，用 $\sigma_i = (n_i, R_i)$ $(1 \leq i \leq m)$ 表示某个单个的神经元 $\sigma_i$，其中：

① $n_i \geq 0$ 表示系统刚要进行计算初始时神经元 $\sigma_i$ 原始的脉冲数。

② $R_i$ 表示规则的有限集，此规则是指神经元 $\sigma_i$ 中的所有规则，主要有下面的两种形式：

激发规则：$\dfrac{E}{a^c} \rightarrow a^p; d$，$E$ 为 $a$ 上的正则表达式，$c \geq p \geq 1$，$d \geq 0$；

遗忘规则：$a^c \rightarrow \lambda$，$s \geq 1$，对 $R_i$ 中每个类型的规则 $\dfrac{E}{a^c} \rightarrow a^p; d$，

有 $a^s \notin L(E)$ 。

（3）$\mathrm{syn}\{1,2,\cdots,m\} \times \{1,2,\cdots,m\}$ 表示神经元之间的连接关系，有 $(i,j) \notin \mathrm{syn}$ ，对每个 $1 \leqslant i \leqslant m$ 都成立。

（4）$\mathrm{in,out} \in \{1,2,\cdots,m\}$ 分别表示输入和输出神经元。

神经元中有两种规则：激发规则和遗忘规则。标准激发规则可以表示为表达式 $\dfrac{E}{a^c} \to a;d$ 。延展激发规则可以表示为表达式 $\dfrac{E}{a^c} \to a^p;d$ ， $p \geqslant 1$ 。而遗忘规则的表示形式为 $a^c \to \lambda$ 。假设规则表达式 $\dfrac{E}{a^c} \to a^p;d$ 满足 $E = a^c$ ，那么此时表达式可以简写为 $a^c \to a^p,d$ 。

神经元内规则的使用原则是同一个神经元不能既使用激发规则又使用遗忘规则，比如存在一个包含遗忘规则 $a^s \to \lambda$ 的神经元，那么这个神经元内所有的激发规则 $\dfrac{E}{a^c} \to a^p;d$ 都需要满足条件 $a^s \notin L(E)$ 。

对于激发规则 $\dfrac{E}{a^c} \to a^p;d$ 的使用方式如下：假设在一个时刻，神经元 $\sigma_i$ 中含有脉冲的数量为 $k$ ，要使这个神经元能够采用激发规则 $\dfrac{E}{a^c} \to a^p;d$ ，必须同时满足两个条件：第一， $a^k \notin L(E)$ ，也就是说 $a^k$ 是正则表达式 $E$ 表示语言 $L(E)$ 中的一个句子；第二，是 $k$ 的取值不能小于所能消耗的脉冲数 $c$ ，即 $k \geqslant c$ 。激发规则 $\dfrac{E}{a^c} \to a^p;d(d \geqslant 1)$ 被执行后，该神经元内的 $c$ 个脉冲将被消耗掉，这时候该神经元中的脉冲数目为 $k\text{–}c$ 个。然后在经过 $d$ 个时间单位的延迟后，该神经元内又产生 $p$ 个新的脉冲，并将这 $p$ 个脉冲发射到与该神经元相连接的所有的神经元中。此外，当开始使用激发规则直到新脉冲被发射出去，产生一个时间间隔，此时期内，神经元处于封闭状态，神经元不会发射任何一个脉冲，同时也不会接受任何一个来自其他神经元的脉冲，这段时间称为神经元的不应期。相对于封闭状态的是神经元的开放状态，也就是说神经元既能够接受来自其他神经元的脉冲，也能够发射自身的脉冲的状态。

遗忘规则 $a^s \to \lambda$ 的执行方式如下：只有在神经元 $\sigma_i$ 内的脉冲数量有且仅有 $s$ 个时，遗忘规则 $a^s \to \lambda$ 才能被激发，与此同时，由规则的串行性，此神经元内所有的激发规则都处于封闭状态。遗忘规则被执行后，神经元内将有 $s$ 个脉冲被消耗，但没有新的脉冲产生。

在每个时间单元中，如果神经元 $\sigma_i$ 可以使用规则，那么它必须使用 $R_i$ 中的某个规则。因为对于两个激发规则，两者的交集可能为空集，所以在一个神经元内可能有多条规则可以被使用。在这种情况下，只能非确定性地选择其中的一条。注意：根据定义，当有激发规则可以被使用时，遗忘规则不能被使用；反之亦然。

脉冲神经膜系统在任意一个 $t$ 时刻都是二元组，其中，$n_i$ 表示神经元在 $t$ 时刻的脉冲数，$d_i$ 表示神经元被重新打开倒数计数的步数。$\Pi$ 的初始格局为 $(n_1, d_1), \cdots, (n_m, d_m)$，即系统中所有神经元在初始时刻都是打开的。按照以上的方法执行规则，SNP 系统逐渐由一个格局变为另一个格局。

值得注意的是，在单个神经元内使用规则时，使用的是串行规则，也就是说在每次迭代中每个神经元都只能使用一个规则，然而规则在神经元之间是并行运行的。重点在于，规则能否使用取决于该规则所在神经元内的总脉冲数。

## 7.3　门限脉冲神经膜系统模型

2021 年，刘倩（Liu Q）等人在 SNP 系统中添加了两个"门"，并将 SNP 系统改进为可以处理时间序列数据的 GSNP 系统[57]。这两个"门"实现了循环神经网络（RNN），因此它们具有处理时间序列数据的能力。下面给出该模型的形式化定义。

### 7.3.1　定义

具有 $m(m \geq 1)$ 个神经元的门控脉冲膜系统的结构如下：

$$\Pi = (O, \sigma_1, \sigma_2, \cdots, \sigma_m, \text{syn}, \sigma_{\text{in}}, \sigma_{\text{out}}) \tag{7-3}$$

式中：

（1） $O=a$ 是一个字符集，每个 $a$ 都表示一个脉冲。

（2） $\sigma_1, \sigma_2, \cdots, \sigma_m$ 表示 $m$ 个神经元。 $\sigma_i$ 可以表示为 $\sigma_1 = (s_i, R_i, G_i)$ ， $1 \leq i \leq m$ ，其中：

① $s_i$ 表示神经元 $\sigma_i$ 的内部状态。

② $R_i$ 表示一组规则，可以是线性的也可以是非线性的。激励规则和遗忘规则可以实现。

例如， $E / a^{k(s)} \to a^{f(s)}$ ，其中 $E$ 是一个脉冲阈值。在时刻 $t$ ，当达到阈值 $E$ 时， $k(s)$ 脉冲将被激发，生成 $f(s)$ ，这是激发规则；当 $f(s)=0$ 时， $k(s)$ 被激发，没有新的脉冲生成，这是以往规则。如果 $f(s)$ 和 $k(s)$ 是线性的，则这是一个普通 SNP 系统。

③ $G_i = r_i$ ， $c_i$ ， $r_i = g_1(s)$ 表示重置门， $c_i = g_2(s)$ 表示激活门。重置门用于保存以前的信息，激活门用于忘记以前的信息。

（3） $\text{syn} = (i, j) \subseteq 1, 2, \cdots, m \times 1, 2, \cdots, m$ 表示神经元之间的连接关系。

（4） $\sigma_{\text{in}}, \sigma_{\text{out}} \subseteq 1, 2, \cdots, m$ 表示输入神经元和输出神经元。

可以看出，刘倩等人在脉冲神经元中增加了两个"门"，这两个门的功能是"记忆"和"遗忘"。这个门结构的神经元结构如图 7-1 所示。该神经元 $\sigma_i$ 在 $t$ 时刻的状态为 $s(t)$ 。我们可以得到关于 $s(t)$ 的公式：

$$s_i(t) = s_i(t-1) + x_i(t) \tag{7-4}$$

在 $t$ 时刻，当输出达到阈值 $E$ 时， $k_i(s)$ 可以产生 $f_i(s)$ 。因此我们可以将 $t$ 时刻的输出表示为

$$\begin{cases} s_i(t) = g_1(s) \cdot s_i(t-1) - g_2(s) \cdot f\big(s_i(t-1) + x_i(t)\big) \\ y_i(t) = f(s_i(t-1) + x_i(t)) \end{cases} \quad (7\text{-}5)$$

式（7-5）表示 $t$ 时刻的状态 $s_i(t)$、前一时刻 $(t-1)$ 通过"记忆门" $g_1(s)$ 后的状态 $s_i(t-1)$ 和通过"遗忘门" $g_2(s)$ 的输出 $f\big(s_i(t-1)+x_i(t)\big)$。$t$ 时刻输出 $y_i(t),(t-1)$ 时刻状态 $s_i(t-1)$ 和时刻 $t$ 的输入 $x_i(t)$。这种脉冲神经元与循环神经元具有相似的记忆和遗忘功能。因此，GSNP 系统也可以处理时序数据，GSN 是门限脉冲神经元，GSN 内部结构如图 7-1 所示。

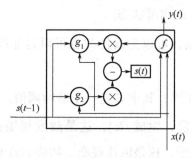

图 7-1　GSN 内部结构

### 7.3.2　网络模型

我们创建了一个两层的 GSNP 模型来识别汉语方言的声调。由于每个城市的数据集较小，过多层的模型将会出现过拟合问题。卡帕斯（Karpathy）提出了深度至少有二层的循环神经网络效果最优[58]。由于 GSNP 系统与 LSTM 相似，因此我们构建的门限脉冲神经膜系统为 2 层，如图 7-2 所示。

我们用 $x(t)$ 表示 $t$ 时刻的输入，$y_i(t)$ 和 $s_i(t)$ 表示第 $i$ 层 $t$ 时刻的输出和状态。如果是两层的结构的第 2 层，$t$ 时刻的输出就是最终的输出 $y(t)$，则可以表示为

$$\begin{cases} y(t) = W_y \cdot f(W_s \cdot s(t-1) + W_x \cdot x(t) + b) \\ s(t) = g_1(t) \odot s(t-1) - g_2(t) \odot k(W_s \cdot s(t-1) + W_x \cdot x(t) + b') \end{cases} \quad (7\text{-}6)$$

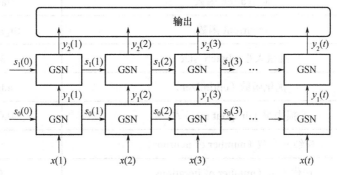

图 7-2　GSNP 网络模型结构

式中，$W_s$、$W_y$、$W_s$、$W_x$ 和 $W_x$ 是权重矩阵，$b$ 和 $b'$ 是偏置项，$\odot$ 是一个笛卡尔积，$g_1(t)$ 和 $g_2(t)$ 表示两个门。$g_1(t)$ 表示在 $t$ 时刻根据以前的状态有多少信息被重置，$g_2(t)$ 表示有多少以前的信息被遗忘：

$$\begin{cases} g_1(t) = k(W_r \cdot x(t) + U_r \cdot s(t-1) + b_r) \\ g_2(t) = k(W_c \cdot x(t) + U_c \cdot s(t-1) + b_c) \end{cases} \quad (7\text{-}7)$$

式中，$W_r$、$U_r$、$W_c$ 和 $U_c$ 表示权重矩阵，$b_r$ 和 $b_c$ 是偏置项，$k$ 是激活函数，在这里我们使用 Sigmoid 激活函数。

## 7.4　基于 GSNP 系统的汉语方言声调分类的实现

我们采用的模型参数设置见表 7-1。实验通过对比 7 个不同城市的单字声调识别结果，分析语谱图汉语方言声调识别结果。我们采用了模拟仿真的方式进行了 GSNP 系统的实验，因此不在此处贴出代码，只给出实验结果。图 7-3 是 7 个不同城市的准确率，从识别准确率上来看，SNP 网络可以完成对汉语方言声调的识别任务，平均准确率均达到 90% 以上。

表 7-1　GSNP 网络的参数

| 参数名 | 参数值 |
| --- | --- |
| activation 函数 | tanh |
| recurrent 函数 | Sigmoid |
| 批量大小（batch_size） | 32 |
| 优化函数（optimizer） | adam |
| 损失率（dropout rate）/% | 0.002 |
| 神经元个数（number of neurons） | 56 |
| 迭代次数（number of iterations） | 100 |
| 层数（number of layer） | 2 |

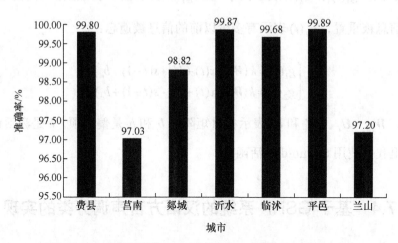

图 7-3　山东临沂地区 7 个城市 GSNP 的声调分类准确率

### 7.5.1　实验参数的讨论

为了进一步讨论 GSNP 网络在汉语方言声调识别中的应用，我们选取 7 个城市中识别准确率最高的平邑数据集，设置了不同的批量大小和训练和测试数据集比例，比较不同的参数对 GSNP 网络分类效果的影响。

图 7-4 是不同的批量大小的准确率。可以看出，批量大小越大，训练越充分，分类准确率越高，但随着批量大小增大，训练速度也变慢，这是由于 SNP 网络具有"记忆"和"遗忘"特点，批量大小越大，$t$ 时刻输入的 $x(t)$ 越大，导致计算量增大。但批量大小也不是越大越好，汉语方言语音数据集数量小于 1000，批量大小太大也会影响学习，导致过拟合。从图 7-4 可以看出，选取 16 或者 32 都是较为理想的训练批次。

图 7-5 是训练集和测试集不同比例的实验结果，由于田野采集要求较高，数据量不超过 1000，为了增加实用性，需要讨论在较少训练集的情况下是否能保证较高的识别率。从图中可以看出，训练集与测试集的比例为 9∶1 时准确率最高，随着训练集的比例降低，准确率是下降的，但也保持在 95% 以上，这说明在实际应用中，我们可以先对 200 左右的语音进行人耳听辨和标注，再利用 SNP 网络对剩余的语音进行声调识别，这在田野调查中是可以提高工作效率的。同时，可以通过 SNP 网络筛选出识别错误率较高的语音，再进一步分析其声学特点，这为汉语方言的研究提供了有力支持。

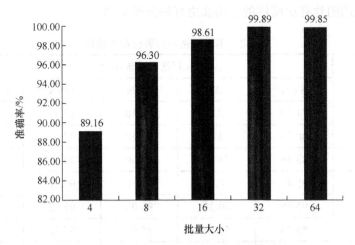

**图 7-4　不同批量大小对分类准确率的影响**

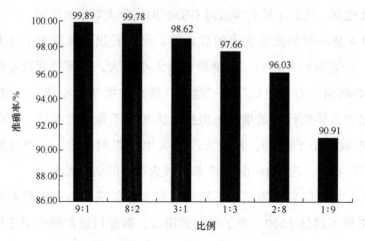

图 7-5 不同训练集和测试集比例对准确率的影响

### 7.5.4 不同模型的比较

我们将 7 个城市的数据分别使用 SVM、BP、CNN 和 DNN 进行分类实验（见表 7-2），发现 GSNP 具有较好的分类表现，其准确率较高。其中 BP 和 CNN 都使用了和 GSNP 同样的两层，很明显影响了分类准确率。而 DNN 采用了 ResNet 模型，网络结构与 GSNP 相比较为复杂，需要更长时间的训练参数调整和训练。由此可见，GSNP 与各种常用分类算法相比较，对于与时间相关的图片有更简洁的结构和更好的分类效果。

表 7-2 不同算法的声调分类准确率

| 城市 | 算法及准确率 /% | | | | |
|------|------|------|------|------|------|
|      | SVM | BP | CNN | DNN | GSNP |
| 费县 | 71.33 | 58.41 | 87.50 | 92.45 | 99.80 |
| 莒南 | 80.79 | 58.05 | 97.50 | 97.57 | 97.03 |
| 郯城 | 83.19 | 58.33 | 70.00 | 98.16 | 98.82 |
| 临沭 | 95.45 | 70.66 | 97.50 | 97.02 | 99.68 |
| 平邑 | 95.60 | 60.30 | 95.00 | 99.82 | 99.89 |
| 沂水 | 89.74 | 53.14 | 95.00 | 97.32 | 99.87 |
| 兰山 | 88.00 | 58.17 | 97.00 | 98.59 | 97.20 |

# 7.6　总结

本章介绍了生物计算中脉冲神经膜系统的基本原理及各种不同特质的脉冲系统膜系统；针对声调的变化趋势与时间相关的特性采用了 GSNP 对汉语方言语音数据进行声调的分类；构造了一个 2 层的 GSNP 网络，该网络中的每个神经元都包含两个门，这两个门分别具有"记忆"和"遗忘"功能，适用于时间序列数据；使用了山东临沂片区 7 个城市的方言进行声调类别的识别实验，测试集准确率最高可达 99.8% 以上，通过与其他智能算法的比较，GSNP 表现出了较好的准确性。由于田野采集的样本数据集较小，因此批量大小设置为 16 或 32 更加理想。该实验表明，GSNP 有较好的收敛性，即使在训练样本较小的情况下也能满足我们的需求，充分表现出了其实用性和高效性，为脉冲神经膜系统提供了新的应用思路。

# 第8章　汉语声调的无监督聚类

## 8.1　聚类算法简介

聚类分析是数据挖掘领域中一个非常活跃的研究领域，它被广泛应用于统计学、机器学习、空间数据库、生物学及市场营销等领域。聚类是人类一项最基本的认识活动，通过适当聚类，事物才便于研究，事物的内部规律才可能为人类所掌握。所谓聚类，就是按照事物的某些属性，把事物聚集成类，使类间的相似性尽可能小，类内的相似性尽可能大。聚类是一个无监督的学习过程，它同分类的根本区别在于：分类需要事先知道所依据的数据特征，而聚类是要找到这个数据特征。在很多应用中，聚类分析作为一种数据预处理过程，是进一步分析和处理数据的基础。例如，在商务活动中，聚类分析能够帮助市场分析人员从客户数据库中发现不同的客户群，并且用购买模式来刻画不同的客户群的特征。在生物学中，聚类分析能用于推导植物和动物的分类，对基因进行分析，获得对种群中固有结构的认识。聚类分析也可以用于在泥土观测数据库中对相似地区的区分，也可以根据房子的类型、价值和地域对一个城市中的房屋进行分类。聚类分析也能用于分类 Web 文章，从中获得有用的信息。作为数据挖掘的一大功能，聚类分析可以作为一个获得数据分布情况、观察每个类的特征及对特定类进一步分析的独立工具。通过聚类，能够识别密集和稀疏的区域，发现全局的分布模式，分析数据属性之间的相互关系。

数据挖掘中的聚类分析主要集中在针对海量数据的有效性和实用的聚类方法研究方面，如聚类方法的可伸缩性、高维聚类分析、分类属性数据聚类、具有混合属性数据的聚类及非距离模糊聚类等。因此，数据挖掘对聚类分析有特殊的要求：可伸缩性、能够处理不同类型属性、强抗噪性、高维性、对输入顺序不敏感性、可解释性和可用性等。

聚类是按照某个指标把数据集分割成不同的类或者簇，使类内元素的相似性尽可能大，类间元素的相似性尽可能小。聚类是一种无监督学习，它将相似的对象归到同一个簇中，有点像全自动分类。聚类方法几乎可以应用于所有对象，簇内的对象越相似，聚类的效果越好。聚类分析是一种挖掘数据深层信息与知识的有效方法，聚类是将给定的样本划分成多个簇的过程。聚类最优准则的目标是使同一簇内的样本间相似度高，不同簇样本间相似度低。

聚类的步骤一般分为以下五步。

第一步：数据准备，进行特征标准化。

第二步：特征选择，进行降维，从中选择最有效的特征。

第三步：特征提取，对选择的特征进行转换，提取出更有代表性的特征。

第四步：聚类，基于特定的度量函数进行相似度度量，使得同一类数据的相似度尽可能接近，不同类的数据尽可能分离，得到各个类的中心以及每个样本的类标签。

第五步：聚类评估，分析聚类结果，如举例误差和误差平方和（SSE）等。

## 8.2　基于特征提取的汉语声调聚类

在 8.1 节提到，聚类算法需要具有处理高维数据集的能力，但高维数据集在聚类过程中计算缓慢，有些属性特征并不是我们所关心的，或者不会影响到聚类结果，因此需要在聚类之前进行特征提取，用于降低数据的维度，同时除去一些不影响聚类结果的属性特征，提高聚类效率。下面介绍两种特征提取方法，由于篇幅有限，不再介绍方法的原理，只介绍如何用 Python 实现图像的特征提取，便于后面对图像的聚类实现。

### 8.2.1 图像的主成分分析

主成分分析（Principal Component Analysis, PCA）法是将得到的投影矩阵看作把原坐标转换成已有坐标系统，在该坐标系统中，各坐标是按重要程度依次递减的。主成分分析法是一种常用的降维方法，该方法可以在保证训练数据信息不损失的同时，尽可能减少维数。在计算机视觉应用中，由于图像的高维数，常常采用降维预处理。例如，一幅 $100 \times 100 \times 3$ 像素的图像，将有 30 000 个维，1 兆像素的图将有 100 万个维。而我们在图像识别时，并不需要通过全部的像素点来进行判断，往往通过轮廓就可以进行识别，因此主成分分析法常用于机器视觉领域。

在聚类之前，由于图像的高维，可以使用 PCA 法进行先降维预处理，再从中提取特征，以便减少聚类的计算量，提高准确率和效率。本节利用 Python 实现图像的主成分分析。在对图像进行主成分分析时，需要将其转化为一维向量。可以在 NumPy 类库中使用 flatten() 方法来进行转换。

把这些扁平的图像叠加在一起，就能得到一个矩阵，其中一条线代表一张图像。首先，我们要将全部行图像按平均图像进行中心化。一般采用奇异值分解（Singular Value Decompostition，SVD) 法求出主要成分。但是，如果矩阵的维数较大，则 SVD 运算速度会比较慢，因此一般不采用 SVD 法进行分解。以下是 PCA 操作的代码，输入表示图像的矩阵 $X$，该矩阵中存储着训练数据，每一行为一条训练数据，就是前面所说的先将图像转换为一维，再叠加构成一个矩阵。该函数的返回值是主成分分析后的按照维度的重要性排序的投影矩阵、方差和均值。

```python
from PIL import Image
from numpy import *


def pca(X):
  num_data,dim=X.shape# 获取维数
  mean_X=X.mean(axis=0)   # 数据中心化
```

```
X=X-mean_X
if dim>num_data:
  M=dot(X,X.T)#协方差矩阵
  e,EV=linalg.eigh(M)#特征值和特征向量
  tmp=dot(X.T,EV).T
  V=tmp[::-1]#逆转
  S=sqrt(e)[::-1]#逆转
  for i in range(V.shape[1]):
    V[:,i]/=S
else:
  U,S,V=linalg.svd(X)#奇异值分解
  V=V[:num_data]
return V,S,mean_X #返回投影矩阵、方差和均值
```

接下来对方言单字语谱图主成分分析。假定这些图像的名称保存在列表 imageslist 中，PCA 函数的定义在 pca.py 中，下面可以通过 import 引用 pca() 函数，对 imageslist 里的图像进行逐一的主成分分析。由于语谱图是彩色三维图像，因此需要转换为灰度图像，再转为一维向量。我们使用convert（'L'）函数进行灰度转换，通过 imshow() 函数可以显示均值图像和主成分分析后的前 7 个模式。

```
from PIL import Image
from numpy import *
from pylab import *
import pca
image = array(Image.open(imageslist[0])) # 打开一幅图像，获取其大小
m,n = image.shape[0:2] # 获取图像的大小
# 创建矩阵，保存所有压平后的图像数据
immatrix = array([array(Image.open(im)).convert('L').
flatten()for im in imlist],'f')
# 执行 PCA 操作
V,S,immean = pca.pca(immatrix)
```

```
# 显示一些图像（均值图像和前 7 个模式）
figure()
gray()
subplot(2,4,1)
imshow(immean.reshape(m,n))
for i in range(7):
  subplot(2,4,i+2)
  imshow(V[i].reshape(m,n))
show()
```

图像需要从一维表示重新转换成二维图像，可以使用 reshape() 函数。
这里我们使用了 PyLab 库的 subplot() 函数在一个窗口中放置多个图像。
图 8-1 是第一个是平邑方言语谱图的均值图像，后 7 个是由主成分分析的前
7 个特征图像。

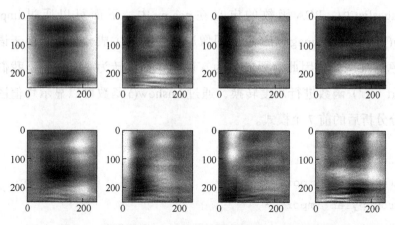

图 8-1　语谱图 PCA 后的均值图像和前 7 个特征图像

## 8.2.2　图像的神经网络

我们也可以通过深度神经网络进行特征提取，先使用无监督神经网
络学习样本的特征，再用聚类算法在学到的特征上得到聚类结果。深
度神经网络的原理见第 6 章。我们首先读取语谱图，然后通过 tf.keras.

applications 中预定义好的经典卷积神经网络结构进行预训练。以下代码实现了采用 MobileNetV2 模型进行的预训练。首先读取图像，并将图像大小调整为 (224, 224)，匹配模型输入层的大小以进行特征提取，通过 tf.keras.applications 调用网络模型进行训练，设置 weights 为 'imagenet'，是指预训练，这时的训练是不需要标签的。

```python
import numpy as np
import os, glob
import tensorflow as tf
import cv2


input_dir='filepath'
glob_dir = input_dir + '/*.png'
images = [cv2.resize(cv2.imread(file), (224, 224)) for file
in glob.glob(glob_dir)]
paths = [file for file in glob.glob(glob_dir)]
images = np.array(np.float32(images).reshape(len(images),
-1) / 255) # 图像进行归一化。
model = tf.keras.applications.MobileNetV2(include_
top=False, weights='imagenet', input_shape=(224, 224, 3))
# 定义训练模型 model，采用 MobilenetV2 网络模型进行预训练
pre_images = model.predict(images.reshape(-1, 224, 224, 3))
# 预训练时采用图像大小为 (224,224,3)
all_images = pre_images.reshape(images.shape[0], -1)
# 预训练结果放入 all_images
```

## 8.3　聚类有效性评价

聚类是一种无监督的学习方法，在数据没有被标记的情况下，程序自动对数据进行分类，如何评判分类的效果和正确性呢？我们知道聚类的目标是

通过一种相似度计算方式，将数据分类，使得同一类簇的数据尽可能相似，不同类的数据差异最大化。为了判别聚类的划分效果，根据聚类目标聚类有效性的判别标准分为内部有效性指标和外部有效性指标两大类。内部有效性指标衡量分为一簇的数据集的分布情况是否满足要求，外部有效性则衡量簇与簇之间的关联性是否满足要求。

### 8.3.1 内部有效性指标

内部有效性指标的评价并不利用任何参考模型，由数据集自己的聚类结果得到，主要评价同一个簇中数据集的几何结构信息，包括紧致性、分离度、重叠度等方面。最常用的内部评价指标如下。

#### 1. 轮廓系数（Silhouette Coefficient）

该方法适用于实际类别信息未知的情况。8.4.6 小节详细介绍了轮廓系数的计算方法。对于一个样本集合来说，它的轮廓系数是所有样本轮廓系数的平均值。轮廓系数的取值范围是 [-1, 1]，分数越高，同类别的样本距离越近，不同类别的样本距离越远。该方法的缺点是不适合极高密度的聚类算法 DBSCAN。

在 Python 中，我们可以使用 sihoueette_score 函数来实现轮廓系数的计算。sklearn.metrics.silhouette_score(X,labels,metric='euclidean',sample_size=None, random_state=None)，下面介绍参数。

X：表示数组，如果 metric="precomputed"，那么数组则表示 [n_samples_a,n_samples_a]，否则是样本之间的承兑距离数组或特征数组 [n_samples_a,n_features]。

labels：数组，每个样本的预测标签。

metric：用于设置采用哪种度量来计算特征阵列中样本之间的距离。默认值为 euclidean（欧式距离）。如果 X 是距离数组本身，则使用 metric="precomputed"。如果 metric 是字符串，则必须是允许的选项之一 metrics.pairwise.pairwise_distances。

此函数返回所有样本的平均轮廓系数。要获取每个样本的值，使用 sklearn.metrics.silhouette_samples(X,labels,etric='euclidean')，参 数 silhouette_score 函数含义相同。

### 2. Calinski-Harbasz（CH）指标

CH 指标由卡林斯基（Calinski）等人提出，其值越大，聚类效果越好。定义如下：

$$CH = \frac{\mathrm{tr}(S_C)/(k-1)}{\mathrm{tr}(S_W)/(n-k)} \qquad (8\text{-}1)$$

式中，$n$ 表示聚类的数目，$k$ 表示当前的类别数，$\mathrm{tr}(S_C)$、$\mathrm{tr}(S_W)$ 分别表示类间、类内协方差矩阵的迹。这样，类内部数据的协方差越小越好，类别之间的协方差越大越好，CH 分数也越高。Python 中计算 CH 指标的函数是 calinski_harabaz_score(X, labels)，参数含义如下：

X：表示要聚类的样本数据集，一般按照 [n_samples,n_features] 的形式。

labels：表示聚类之后标记的类别标签。

该函数的优点是在不知道真实的标签的情况下，可以作为评估模型的一个指标；且与轮廓系数指标相比计算较快、效率高。缺点是在实际应用过程中，当类别少时，能够得到较好的评价分数，但当类别过多时，评价分数会降低。它比较适用于类别较少的数据集，而且不适合基于密度的聚类算法 DBSCAN。

### 3. 邓恩指标系数（Dunn Validity Index）

该评价指标由邓恩（Dunn）提出，其值越大，聚类效果越好。该指标用任意两个簇之间样本的最短距离（类间距离）除以任意簇中样本之间的最大距离（类内距离）来衡量聚类的效果。定义如下：

$$DVI = \frac{\min\limits_{0<m\neq n<k}\left\{\min\limits_{\substack{\forall x_i\in\Omega_m \\ \forall y_j\in\Omega_n}}\left\{x_i-x_j\right\}\right\}}{\max\limits_{0<m<k}\max\limits_{0<n<k}\left\{\left\|x_i-x_j\right\|\right\}} \qquad (8\text{-}2)$$

　　该指标值越大意味着类间距离越大、类内距离越小。因为内部评估方法是搜索类内相似最大、类间相似最小，所以算法生成的聚类结果指数越高，那么该算法就越好。这种评价方式识别紧密型、离散型数据的效果很好。但也有缺点：随着聚类类别和数据维数的增加，计算成本随之增加，且对环状分布测评效果差。

　　以下是 DVI 指标系数的计算代码。不同于前面的指标系数可以通过聚类后的样本和标签直接调用函数，计算 DVI 的函数需要使用每个类别的具体样本，因此需要将聚类结果转换为 DataFrame 形式，再进行 loc 切片，获取每个聚类类别。

```
import pandas as pd
from sklearn import datasets
from jqmcvi import base
from sklearn import cluster
k_means = cluster.KMeans(n_clusters=3)
k_means.fit(df) #K-means 聚类训练
y_pred = k_means.predict(df)
pred = pd.DataFrame(y_pred) # 将聚类结果保存成 dataframe
pred.columns = ['Type'] # 添加类别标签
prediction = pd.concat([df, pred], axis = 1)
clus0 = prediction.loc[prediction.Species == 0]
clus1 = prediction.loc[prediction.Species == 1]
clus2 = prediction.loc[prediction.Species == 2]
cluster_list = [clus0.values, clus1.values, clus2.values]
print(base.dunn(cluster_list))
```

### 4. 戴维森堡丁指数（Davies-Boulding Index）

　　戴维森堡丁指数简称为 DBI 指标，由戴维·德维斯（David Devies）和唐纳德·博尔丁（Donald Bouldin）提出。该方法综合考虑了类内样本相似度和类间样本差异度，其值越小，表明聚类效果越好。定义如下：

$$DB = \frac{1}{k} \sum_{i=1}^{k} \max_{j=1} \left( \frac{\bar{C}_i + \bar{C}_j}{\|w_i - w_j\|_2} \right) \quad\quad （8\text{-}3）$$

式中，$\bar{C}_i$ 和 $\bar{C}_j$ 分别表示第 $i$ 类和第 $j$ 类的类内平均距离，$\|w_i - w_j\|_2$ 表示第 $i$ 类和第 $j$ 类两个类之间的距离。该评价指标的缺点是使用了欧式距离，所以对于环状分布聚类评测很差。Python 中的函数是 sklearn.metrics.calinski_harabaz_score(X, labels)，可直接采用聚类后的样本和标签调用计算。

### 8.3.2　外部有效性指标

外部有效性指标是在已知数据真实分类的情况下，将算法所得的聚类结果与真实分类结果进行比较，从而评判算法的聚类效果。当已知数据真实类别时，聚类方法就变成了监督学习算法，与分类方法相似。那么，常用的外部有效性指标如下。

#### 1. 纯度（Purity）

纯度是一种简单、透明的评估手段，为了计算纯度（Purity），我们把每个簇中最多的类作为这个簇所代表的类，例如，在第一个簇中属于 $x$ 类别的样本数量最多，那么这个簇就被分为 $x$ 类，然后计算正确分配类的数量，除以样本总数 $N$。计算公式如下：

$$Purity = \frac{1}{N} \sum_{k} l_k \quad\quad （8\text{-}4）$$

式中，$l_k$ 表示第 $k$ 个聚类的集合，即分配到该类的样本数；$N$ 表示样本总数。

上述过程即给每个聚类簇分配一个类别，且这个类别的样本在该簇中出现的次数最多，然后计算所有 $k$ 个聚类簇的次数之和再归一化即为最终值。Purity 值为 $0 \sim 1$，越接近 1，表示聚类结果越好。

当簇的数量很多时，容易达到较高的纯度。特别是，如果每个样本都被分到一个独立的簇中，那么计算得到的纯度就是 1。因此，不能简单地用纯度来衡量聚类质量与聚类数量之间的关系。另外，Purity无法用于权衡聚类质量与簇个数之间的关系。

### 2. 标准化互信息（Normalized Mutual Information，NMI）

标准化互信息用来衡量两个数据分布的吻合程度，它也是一个有用的信息度量，它是指两个事件集合之间的相关性。互信息越大，词条和类别的相关程度也越大。归一化互信息可以表示为

$$\text{NMI}(\Omega, C) = \frac{2 \times I(\Omega : C)}{H(\Omega) + H(C)} \tag{8-5}$$

式中，$\Omega$ 是数据的真实类别；$C$ 是聚类的结果；$I(\Omega : C)$ 表示互信息，表示给定类簇信息 $C$ 的前提条件下，类别信息 $\Omega$ 的增加量，或者说其不确定度的减少量。直观地，互信息还可以写成如下形式：

$$I(\Omega : C) = H(\Omega) - H(\Omega|C) \tag{8-6}$$

其中，$H$ 为熵，$H(\Omega) = -\sum_{i=1}^{|\Omega|} P(i), \log P(i)$，当 log 以 2 为底时，单位为 bit，以 e 为底时，单位为 nat。

互信息（MI）的最小值为 0，当类簇相对于类别只是随机的，也就是说两者独立的情况下，$\Omega$ 对于 $C$ 未带来任何有用的信息。如果得到的 $\Omega$ 和 $C$ 的关系越密切，那么 $I(\Omega : C)$ 值越大。如果 $\Omega$ 完整重现了 $C$，则此时互信息最大：

$$H(\Omega : C) = H(\Omega) = H(C) \tag{8-7}$$

当 $K=N$ 时，即类簇数和样本个数相等，MI 也能达到最大值。所以 MI 也存在和纯度类似的问题，即它并不对簇数目较大的聚类结果进行惩罚，因此也不能在其他条件一样的情况下，对簇数目越小越好这种期望进行形式化。NMI 则可以解决上述问题，因为熵会随着簇的数目增长而增大。当 $K=N$ 时，$H(\Omega)$ 会达到其最大值 lg$N$，此时就能保证 NMI 的值较低。之所以采用 $(H(\Omega)+H(C))/2$，是因为它是 $I(\Omega, C)$ 的紧上界，因此可以保证

$NMI \in [0,1]$。Python 中有可以直接计算 NMI 的函数，如下所示：

```
from sklearn.metrics.cluster import normalized_mutual_info_
score
normalized_mutual_info_score(labels_true,labels_
pred,*,average_method='arithmetic')
```

参数含义如下：

labels_true：整数数组，样本数据真实标签；

labels_pred：聚类后的标签；

average_method：str 类型，默认"arithmetic"，还包括"min""geometic"
"max"；

返回值 nmi：浮点类型，为 [0,1.0] 中的实数。

### 3. 调整互信息（Adjusted mutual information，AMI）

已知聚类标签与真实标签，互信息能够测度两种标签排列之间的相关性，同时忽略标签中的排列。有两种不同版本的互信息可供选择，一种是 NMI，一种是 AMI。下面主要介绍 AMI。

假设 $\Omega$ 与 $C$ 是对 $N$ 个样本标签的分配情况，则两种分布的熵分别为

$$H(\Omega) = \sum_{i=1}^{|\Omega|} P(i)\lg(P(i)) \qquad (8\text{-}8a)$$

$$H(C) = \sum_{j=1}^{|C|} P'(j)\lg(P'(j)) \qquad (8\text{-}8b)$$

式中，$P(i) = \dfrac{|\Omega_i|}{N}$ 是从 $\Omega$ 中随机选取的对象到类 $\Omega_i$ 的概率；$P'(j) = \dfrac{|C_j|}{N}$ 是从 $C$ 中随机选取的对象到类 $C_j$ 的概率。

$\Omega$ 与 $C$ 之间的互信息定义为

$$MI(\Omega,C) = \sum_{i=1}^{|\Omega|}\sum_{j=1}^{|C|} P(i,j)\lg\left(\frac{P(i,j)}{P(i)P'(j)}\right) \qquad (8\text{-}9)$$

式中，$P(i,j)=\dfrac{|\Omega_i \cap C_j|}{N}$ 是随机选择的对象落入两个类的概率 $\Omega_i$ 和 $C_j$。

调整互信息定义为

$$\text{AMI}=\dfrac{\text{MI}-E[\text{MI}]}{\max\left(H(\Omega),H(C)-E([\text{MI}])\right)}\tag{8-10}$$

MI 的期望可以用式（8-11）来计算：

$$E\{\text{MI}(\Omega,C)\}=$$
$$\sum_{i=1}^{\Omega}\sum_{j=1}^{C}\sum_{n_{ij}=\max(a_i+b_j-N,0)}^{\min(a_i,b_j)}\dfrac{n_{ij}}{N}\lg\left(\dfrac{Nn_{ij}}{a_ib_j}\right)\dfrac{a_i!b_j!(N-a_i)!(N-b_j)!}{N!n_{ij}!(a_i-n_{ij})!(b_j-n_{ij})!(N-a_i-b_j+r)}\tag{8-11}$$

式中，$a_i=|\Omega_i|$ 为 $\Omega_i$ 元素的数量，$b_j=|C_j|$ 为 $C_j$ 元素的数量。

利用基于互信息的方法来衡量聚类效果需要实际类别信息，MI 与 NMI 取值范围为 [0,1]，AMI 取值范围为 [−1,1]，它们的值越大，意味着聚类结果与真实情况越吻合。根据有界范围 [0,1]，值接近 0 时表示两个主要独立的标签分配，而接近 1 时表示重要的一致性。此外，0 值表示每个样本独立标签分配，1 表示两个标签分配相等。AMI 的优点是对簇的结构没有作出任何假设，可以用于比较聚类算法；其缺点是需要人工标注或手动分配，这就相当于监督学习。Python 中有计算该指标的函数可以直接使用，其中 labels_true 表示真实标签，lables_pred 表示聚类后标签。

```
from sklearn import metrics
print(metrics.adjusted_mutual_info_score(labels_true,
labels_pred))
```

### 4. 准确率指标

可以简称为 Acc 指标，该值越大，表明样本被正确划分的个数越多，聚类效果越好。定义如下：

$$Acc = \frac{N_{correct}}{N} \qquad (8-12)$$

式中，$N_{correct}$ 表示本次划分中被正确划分的样本的个数，$N$ 表示样本总数。

### 5. 兰德指标（Rand Indes，RI）

兰德指标又可以称为 Rand。将聚类看成一系列的决策过程，即对样本集熵的 $N(N-1)/2$ 个样本对进行决策。当且仅当两个样本相似时，将它们归入同一簇中。该值范围为 [0,1]，值越大，表明样本被正确划分的个数越多，聚类效果越好。定义如下：

$$Rand = \frac{TP + TN}{TP + FP + TF + FN} = \frac{TP + TN}{C_N^2} \qquad (8-13)$$

式中，TP、FP、FN 和 TN 分别表示真正样本数、假正样本数、假负样本数和真负样本数。下面详细介绍这 4 种常用于聚类评价指标计算的样本含义。

真正样本（True Positive，TP）：被模型预测为正的正样本，即原本是属于 A 类，预测类型也为 A 类的样本。

假正样本（False Positive，FP）：被模型预测为正的负样本，即错将负样本预测为正样本的数量，即原本不属于 A 类的样本，也被预测为 A 类型。

假负样本（False Negative，FN）：被模型预测为负的正样本，即预测错误的正样本数量，即原本属于 A 类的样本，没有预测为 A 类型。

真负样本（True Negative，TN）：被模型预测为负的负样本，即原本不属于 A 类型的样本，也没有被预测为 A 类型。

那么，预测结束后，预测为 A 类的样本总数为 TP+FP，剩下的样本数据总数为 FN+TN，原本属于 A 类的样本总数为 TP+TN，原本不属于 A 类的样本总数为 FP+FN，所有的样本总数为 TP+FP+FN+TN。

然而，对于随机结果，RI 并不能保证分数接近零。为了实现"在聚类结果随机产生的情况下，指标应该接近零"，调整兰德系数（Adjuested Rand Index, ARI）被提出，它具有更高的区分度，计算公式如下：

$$\text{ARI} = \frac{\text{RI} - E[\text{RI}]}{\max(\text{RI}) - E[\text{RI}]} \qquad (8\text{-}14)$$

ARI 取值范围为 [-1,1]，值越大表示聚类结果与真实情况越吻合。从广义的角度来讲，ARI 衡量的是两个数据分布的吻合程度。ARI 的优缺点和 AMI 类似，这里不做赘述。Python 中可以直接调用 metrics.adjusted_rand_score() 函数，通过真实标签和聚类后的标签直接计算。

```
from sklearn import metrics
print(metrics.adjusted_rand_score(labels_true, labels_
pred))
```

### 6. F-Index（Fowlkes-Mallows Index，FMI）

FMI 是成对的 precision（精度）和 recall（召回）的几何平均数。取值范围为 [0,1]，越接近 1 越好。计算公式如下。

```
from sklearn import metrics
print(metrics.fowlkes_mallows_score(labels_true, labels_
pred))
```

Python 中有 metrics.fowlkes_mallows.score() 可以直接调用，也可以通过计算 TP、FP、FN，利用式（8-15）来计算。

$$\text{FMI} = \frac{\text{TP}}{\sqrt{(\text{TP+FP})(\text{TP+FN})}} \qquad (8\text{-}15)$$

### 7. 杰卡德系数（Jaccard Index）

杰卡德系数又称为 Jaccard 指数，用于比较样本集的相似性与多样性。该值越大，表明样本被正确划分的个数越多，聚类效果越好。定义计算公式如下：

$$J(A,B) = \frac{|A \cap B|}{|A \cup B|} = \frac{\text{TP}}{\text{TP+FP+FN}} \qquad (8\text{-}16)$$

该指标的缺点是也需要使用事先的标签，而且它容易受到数据集大小的影响。

**8. 调和平均值（V-measure）**

调和平均值是基于两个类别之间的条件熵计算的，即求已被标记的类别划分后，另外一个类别划分的不正确性程度，不确定性越小，说明两个类别划分越接近。首先介绍两个指标：

① 同质性（Homogeneity）指标：指每个簇中只包含单个类的成员。

② 完整性（Completeness）指标：给定类的所有成员都分配到了同一个簇里。

同质性和完整性分数基于下式得出：

$$h = 1 - \frac{H(C|K)}{H(C)} \tag{8-17a}$$

$$c = 1 - \frac{H(K|C)}{H(K)} \tag{8-17b}$$

式中，$H(C|K)$ 是给定簇赋值的类的条件熵，由下式求得：

$$H(C|K) = -\sum_{c=1}^{|C|} \sum_{k=1}^{|K|} \frac{N_{c,k}}{N} \lg\left(\frac{N_{c,k}}{N}\right) \tag{8-18}$$

$H(C)$ 是类熵，公式为

$$H(C) = -\sum_{c=1}^{|C|} \frac{N_c}{N} \lg\left(\frac{N_c}{N}\right) \tag{8-19}$$

式中，$N$ 是样本总数；$N_c$ 和 $N_k$ 分别属于类 $c$ 和类 $k$ 的样本数；$N_{c,k}$ 是从类 $c$ 划分到类 $k$ 的样本数量。条件熵 $H(K|C)$ 和类熵 $H(K)$ 根据式（8-19）对称求得。

V-measure 是同质性（homogeneity）和完整性（completeness）的调和平均数，V-measure 取值范围为 [0,1]，值越大越好，但当样本量较小或者聚类数据较多时，推荐使用 AMI 和 ARI。公式如下：

$$v = 2 \times \frac{hc}{h+c}$$ （8-20）

Python 中有可以计算 homogeneity、completeness 和 V-measure 值的函数，可以通过原有的标签和聚类后的标签计算得出。

```
from sklearn import metrics
print(metrics.homogeneity_score(labels_true, labels_pred))
print(metrics.completeness_score(labels_true, labels_pred))
print(metrics.v_measure_score(labels_true, labels_pred))
```

该指标的优点是对簇结构不做假设，可以比较两种聚类算法如 $K$ 均值算法和谱聚类算法的结果；缺点是需要事先标记，完全随机标签并不总是产生相同的完整性和均匀性的值，所得调和平均值 V-measure 也不相同。特别是，随机标记不会产生零分，特别是当簇的数量很大时，当样本数大于1000，聚类数小于 10，可以安全地忽略该问题。对于较小的样本量或者更大数量的集群，使用经过调整的指数（如调整兰德指数）更为安全。

这些内部指标都要求有先验知识，即需要事先标记样本类别，而在实践中几乎不可能所有样本都已分好类别或需要人工标。因此，内部指标可以在评价聚类算法时进行验证，而不能在未标注的数据集上准确地评价聚类结果。

# 8.4  基于 *K*-means 算法的汉语声调聚类

### 8.4.1  *K*-means 算法的原理

*K*-means 算法是一种发现给定数据集的 $K$ 个簇的基于划分的聚类算法。簇个数 $K$ 是用户给定的，每一个簇通过其质心即簇中所有点的中心来描述。在聚类过程中，通常以举例作为数据对象间相似性度量的标准，即数据对象间的距离越小，它们的相似性越高，它们越有可能在同一个类簇。

在聚类过程中，*K*-means 算法需要不断地迭代来重新划分类簇，并更新类簇中心，那么迭代终止的条件是什么呢？对于一般情况，有两种方法来终止聚类：一种方法是设定迭代次数 $t$，当到达第 $t$ 次迭代，则终止聚类，此时所得类簇即为最终聚类结果；另一种方法是采用误差平方和准则函数，达到一定设置值时停止聚类。

### 8.4.2 相似性度量方式

在 *K*-means 聚类中，需要确定样本间的相似性，通过相似性进行聚类。有几种相似性的度量方式，每种度量方式都有其特点，适用于不同结构的数据集，下面介绍几种常用的相似性度量方式。

#### 1. 距离度量

距离度量用于衡量样本在空间上存在的距离，距离越远说明样本间差异越大。假设 $x = \{x_1, x_2, \cdots, x_m\}$、$y = \{y_1, y_2, \cdots, y_m\}$ 均为 $N$ 中样本，记 $d(x,y)$ 为 $x$、$y$ 之间的距离。通过距离度量计算 $d(x,y)$ 的方式分为以下几种。

（1）欧式距离

$$d(x,y) = \|x - y\| = \sqrt{\sum_{i=1}^{m}(x_i - y_i)^2} \tag{8-21}$$

（2）绝对距离

$$d(x,y) = \sum_{i=1}^{m}|x_i - y_i| \tag{8-22}$$

（3）切比雪夫距离

$$d(x,y) = \max_i |x_i - x_j| \tag{8-23}$$

（4）名氏距离

$$d(x,y) = \left(\sum_{i=1}^{n}|x_i - x_j|^m\right)^{\frac{1}{m}} \tag{8-24}$$

#### 2. 相关系数测度

相关系数是衡量样本相似性的另一种方法，通过计算其值的大小可以判断两个样本间的相关程度。以下是计算相关系数常用的两种方法。

（1）夹角余弦法

通过向量空间中两个向量夹角的余弦值来衡量两个样本之间的相似性程度的方法，即为夹角余弦法。该值越接近于 1，说明两个样本之间越相似。

$$\cos(x, y) = \frac{\sum\limits_{i=1}^{m} x_i y_i}{\sqrt{\sum\limits_{i=1}^{m} x_i^2} \sqrt{\sum\limits_{i=1}^{n} y_i^2}} \tag{8-25}$$

（2）Pearson 相关系数

Pearson 相关系数是用来反映两变量之间相似程度的统计量，取值范围为 [-1,1]，其绝对值越大，表示两样本间的相关性越强。

$$p(x, y) \frac{\sum\limits_{i=1}^{m}(x_i - \overline{x})(y_i - \overline{y})}{\sqrt{\sum\limits_{i=1}^{m}(x_i - \overline{x})^2 \sum\limits_{i=1}^{m}(y_i - \overline{y})^2}} \tag{8-26}$$

### 8.4.3  K-means 算法流程

首先，随机确定 $K$ 个初始点作为质心，然后将数据集中的每个点分配到一个簇中，也就是说为每个点找距其距离最近的质心（可以采用前面介绍的距离计算方法），并将其分配给该质心所对应的簇。完成这一步之后，每个簇的质心更新为该簇所有点的平均值。

K-means 聚类算法的计算流程如下。

第一步：确定 $K$ 值，即将数据集聚集成 $K$ 个类簇或小组。

第二步：从数据集中随机选择 $K$ 个数据点作为质心或数据中心。

第三步：分别计算每个点到每个质心之间的距离，并将每个点划分到离最近质心的簇。

第四步：当本轮聚类结束后，重新定义算法选出新的质心（对于每个簇，计算其均值，即得到新的 $K$ 个质心点）。

第五步：迭代执行第三步、第四步，直到迭代终止条件满足为止（聚类结果不再变化或者达到设定迭代数）。

### 8.4.4　K-means 算法的优缺点及算法复杂度

K-means 算法的优点非常明显，原理比较简单，实现也容易，适合很多结构的数据集，收敛速度快，聚类效果较优，算法的可解释度比较强。

其缺点是必须事先选择 K 值，初始类簇的中心点对聚类的最终结果有很大的影响，也对收敛速度有影响；对噪声和异常点也比较敏感，可能收敛到局部最小值；在大规模数据集上收敛较慢，且只能发现球型类簇；不适合离散型数据和样本类别不均衡的数据聚类。

### 8.4.5　SciPy 聚类包

尽管 K-means 算法很容易实现，但我们没有必要自己实现它。Python 中的 SciPy 库中 scipy.cluster.vq 中有 kmeans(obs,k_or_guess,iter=20,thresh=1e-05,check_finite=True) 实现。函数的参数含义如下。

obs：M × N 阵列的每一行都是样本向量，而列是每次聚类时计算得到的特征，必须先使用 whiten 将特征增白。

k_or_guess：生成的质心数，将代码分配给每个质心，这也是质心在生成的 code_book 矩阵中的行索引，通过从观察矩阵中随机选择观察值来选择初始 K 重心。

iter：运行 K-means 的次数，返回具有最低失真的代码本，如果为 k_or_guess 参数的数组指定了初始质心，则将忽略此参数。此参数不代表 K-means 算法的迭代次数。

thresh：如果自上次 K-means 迭代以来失真的变化小于或等于阈值，则终止 K-means 算法。

check_finite：要检查输入矩阵仅包含有限数。默认值为 True。

函数的返回值有两个。

codebook：每个元素代表一个样本，元素值为该样本所在的类的质心 $K$；

distortion：观测值与生成的质心之间的平均（非平方）欧式距离。

### 8.4.6 $K$ 值的选取方法

$K$-means 是比较容易实现的聚类方法，只需设置一个 $K$ 值（设置需要将数据聚成几类）。但在实际应用中，很多时候我们并不知道能聚类为几个簇。二维数据是通过肉眼观察样本数据集的分布情况确定的，但高维数据和混合属性的数据很难确定聚类类别。我们可以通过类外指标进行预测类别。

#### 1. 肘部法（Elbow Method）

肘部法使用了误差平方和（Sum of the Squared Errors，SSE）选取不同的 $K$ 值计算 SSE，从而画出曲线图。该曲线图的 $x$ 轴为 $K$ 的取值，$y$ 轴为 SSE，随着聚类数 $K$ 的增大，样本划分会更加精细，每个簇的聚合程度会逐渐提高，误差平方和 SSE 会逐渐变小；而当 $K$ 到达最佳聚类数时，再增加 $K$ 所得到的聚合程度回报会迅速变小，所以 SSE 会逐渐平缓，就形成了一个手肘的形状，这时肘部对应的 $K$ 值就是数据的最佳聚类数。这也是该方法被称为手肘法的原因。SSE 的计算公式如下：

$$\text{SSE} = \sum_{p \in C_i} |p - m_i|^2 \qquad (8\text{-}27)$$

式中，$C_i$ 代表第 $i$ 个簇，$p$ 是簇 $C_i$ 里的样本点，$m_i$ 是簇的质心。如图 8-2 所示，$y$ 轴为 SSE，$x$ 轴为 $K$ 的取值。随着 $K$ 的增加，SSE 会随之降低，从图中可以确定在肘部的 $K$ 值可以看作最优的聚类类别。

下面给出手肘法的计算代码。可以先通过 $K$-means 聚类函数进行不同 $K$ 值下的聚类，并获取误差平方和 SSE，画出手肘图，通过肉眼观察选出最佳的 $K$ 值，也可以进一步计算曲线的拐点处得到最佳 $K$ 值。

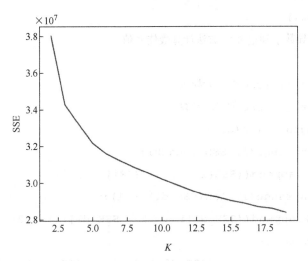

**图 8-2 手肘法确定 $K$ 值**

```
import matplotlib.pyplot as plt
from sklearn.cluster import Kmeans
#设定 K 的初始值和结束值，一般情况初始值为 2，结束值依据实际情况而定
start_k=2
end_k=20
SSE = [ ]#用于存放 SSE 的数组
model = []  #保存每次的模型
kt=[]
for i in range(start_k, end_k):#从初始值到结束值依次进行 K-means
                               #聚类，并获取 SSE
  kMeans = KMeans(n_clusters=i)
  kMeans.fit(pred_images)
  SSE.append(kMeans.inertia_)
  print('{} Means SSE loss = {}'.format(i, kMeans.inertia_))
  model.append(kMeans)
  kt.append(i)
plt.plot(kt, SSE)#画出手肘图
plt.ylabel('Means SSE loss')
plt.ylabel('SSE ')
```

```
plt.show()
# 求二阶导数，通过 SSE 方法计算最佳 K 值
kl=[]
SSE_d1 = [] #sse 的一阶导数
SSE_d2 = [] #sse 的二阶导数
SSE_length = len(SSE)
for i in range(1, SSE_length):
  SSE_d1.append((SSE[i - 1] - SSE[i]) / 2)
for i in range(1, len(SSE_d1) - 1):
  SSE_d2.append((SSE_d1[i - 1] - SSE_d1[i]) / 2)
  kl.append(i)
  best_model = model[SSE_d2.index(max(SSE_d2)) + 2]
print(best_model)
```

## 2. 轮廓法（Silhouett Coefficient）

轮廓法是通过聚类后的结果 label 来计算的一种评价指标。内部有效性指标在设计的时候从 3 个方面来看聚类的有效性：

① 度量各个聚类的分离程度，理论上，类分离程度越大，结果越好。

② 度量每个类内的内在紧致性，紧致性越大，聚类效果越好。

③ 度量各个类表示的复杂度，在可行的分类方案中选择简单的。

在聚类问题中，轮廓法用来研究聚类结果的类间距离。轮廓值度量在相同类中的点与不同类中的点相比的紧密程度，其范围是 [-1,1]，其值越大，表明目标与自己所在簇之间的匹配关系度越高，与其他簇的匹配关系度越低。如果值越高，说明聚类结果越好，如果很小或为负值，那么可能是分簇太多或是太少造成的。轮廓值是通过一些距离矩阵来计算的。

一般情况采用轮廓系数来确定 $K$ 值。设所有样本 $s(i)$ 的均值为聚类结果的轮廓系数，轮廓系数则表示在整个数据集上 $s(i)$ 均值的最大值。公式如下：

$$SC = \max_k \bar{s}(k) \qquad (8\text{-}28)$$

在 sklearn 包中已经有用 Python 实现的轮廓系数值计算函数 silhouette_
score，通过该函数可以计算得到在某一范围内的不同 $K$ 值下的 $K$-Means 聚
类后的轮廓系数值 SC，获取其中的最大值 bestK，即为最合适的聚类 $K$ 值。
实现代码如下：

```python
from sklearn.metrics import silhouette_score
from sklearn.cluster import KMeans
import matplotlib.pyplot as plt

# 寻找最合适的 K 值
sil = []
kl = []
beginK = 3
endK = 8
for k in range(beginK, endK):
  kMeans = KMeans(n_clusters=k)
  kMeans.fit(X)   # 聚类
  SC = silhouette_score(images, kMeans.labels_, metric='
euclidean')# 获取轮廓系数
  sil.append(SC)
  kl.append(k)
bestK = kl[sil.index(max(sil))]# 最大的轮廓系数即最优 K 值
```

## 8.4.7　基于 *K*-means 算法的汉语方言声调聚类的实现

对于汉语方言的声调聚类分析，本书使用了普通话的单字语谱图，通过
图像聚类实现对单字声调的无监督分类。在本实验中，我们采用了神经网络
MobileNetV2 进行预处理获取特征，再采用手肘法进行 $K$ 值的确定，最后用
$K$-Means 进行聚类，并进行聚类评估。聚类评估指标采用了内部指标，用于
验证评价 $K$-means 聚类算法在单字语谱图上的实用性和准确性。

```
import tensorflow as tf
import numpy as np
import matplotlib.pyplot as plt
from sklearn.cluster import KMeans
from sklearn.metrics import silhouette_score
import cv2
import os, glob, shutil
from sklearn import metrics
# 1. 获取所有图像
labels_true=[]
input_dir='filepath'
path= os.listdir(input_dir)
for image_name in path:
    labels_true.append(int(image_name.split("_")[0]) - 1)
glob_dir = input_dir + '/*.png'
#opencv 读取图像，并将图像大小调整为 (224,224)，以匹配模型输入层的
# 大小以进行特征提取
images = [cv2.resize(cv2.imread(file), (224, 224)) for file
in glob.glob(glob_dir)]
paths = [file for file in glob.glob(glob_dir)]
# 图像数组转换为 float32 类型并变换维数，然后做归一化
images = np.array(np.float32(images).reshape(len(images),
-1) / 255)
# 绘制数据分布图
plt.scatter(images[:, 0], images[:, 1], c = "red",
marker='o', label='origin')
plt.xlabel('length')
plt.ylabel('width')
plt.legend(loc=2)
plt.show()
# 2. 加载预先训练的模型 MobileNetV2 来实现图像分类
```

```
model = tf.keras.applications.MobileNetV2(include_
top=False, weights='imagenet', input_shape=(224, 224, 3))
#'imagenet' (pre-training on ImageNet),
predictions = model.predict(images.reshape(-1, 224,
224, 3))
pred_images = predictions.reshape(images.shape[0], -1)
# 3. 使用手肘法寻找 K 值
start_k=2
end_k=20
SSE = []
model = [] # 保存每次的模型
kt=[]
for i in range(start_k, end_k):
  kMeans = KMeans(n_clusters=i)
  kMeans.fit(pred_images)
  SSE.append(kMeans.inertia_)  # 保存每一个 K 值的 SSE 值
  print('{} Means SSE loss = {}'.format(i, kMeans.inertia_))
  model.append(kMeans)
  kt.append(i)
plt.plot(kt, SSE)
plt.ylabel('Means SSE loss')
plt.ylabel('SSE ')
plt.show()
  # 求二阶导数, 通过 SSE 方法计算最佳 K 值
kl=[]
SSE_d1 = [] #sse 的一阶导数
SSE_d2 = [] #sse 的二阶导数
SSE_length = len(SSE)
for i in range(1, SSE_length):
  SSE_d1.append((SSE[i - 1] - SSE[i]) / 2)
for i in range(1, len(SSE_d1) - 1):
  SSE_d2.append((SSE_d1[i - 1] - SSE_d1[i]) / 2)
```

```
    kl.append(i)
best_model = model[SSE_d2.index(max(SSE_d2)) + 2]
print(best_model)
```

```
# 4. 使用最合适的 K 值进行聚类
k = best_model.n_clusters
kMeansModel=best_model
kMeansModel.fit(pred_images)#聚类
label_pred = kMeansModel.labels_  # 获取聚类标签
kPredictions = kMeansModel.predict(pred_images)
print(kPredictions)
#绘制 K-means 结果
for j in range(0,k):
  imagesRes = images[label_pred == j]
  plt.scatter(imagesRes[:, 0], imagesRes[:, 1],
label=('label'+str(j)))
  plt.xlabel(' length')
  plt.ylabel(' width')
  plt.legend(loc=2)
plt.show()
```

```
# 5. 计算聚类指标
ari=metrics.adjusted_rand_score(labels_true, label_pred)
ami=metrics.adjusted_mutual_info_score(labels_true,label_
pred)
homogeneity=metrics.homogeneity_score(labels_true,label_
pred)
completeness=metrics.completeness_score(labels_true,label_
pred)
v_measure=metrics.v_measure_score(labels_true,label_pred)
print("ARI="+ str(ari) + '\n')
print("AMI=" + str(ami) + '\n')
```

```
print("Homogeneity=" + str(homogeneity) + '\n')
print("completness=" + str(completeness) + '\n')
print("v_measure=" + str(v_measure) + '\n')
```

图 8-3 是采用了普通话单字语谱图进行聚类后的手肘图，从图中可以看到，当 $K=4$ 时，SSE 曲线的下降趋势逐渐延缓，因此确定最优的 $K$ 值为 4，与普通话的四种声调类型是一致的。

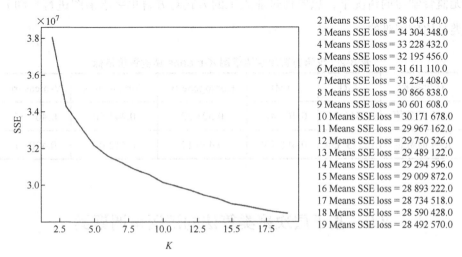

图 8-3　普通话语谱图手肘图和 SSE 值

经过 $K$-means 聚类按照 $K=4$ 进行聚类后得到的评价指标见表 8-1。由此可见，普通话单字语谱图的 $K$-means 聚类效果还是比较好的，这说明普通话单字语谱图可以通过手肘法得到与真实类别一致的 $K$ 值，并得到与真实声调类型较为一致的聚类。这表示在确认声调类型之前，我们可以通过手肘法对声调的类型进行辅助确认，并通过 $K$-means 聚类方法进行预先分类，辅助研究人员观察每一簇的声调特征有哪些共性，提高研究人员的工作效率。

表 8-1　普通话单字语谱图 $K$-means 聚类评价指标

| 评价指标 | ARI | AMI | Homogeneity | Completeness | V-measure |
|---|---|---|---|---|---|
| 数值 | 0.870 45 | 0.874 17 | 0.876 34 | 0.872 85 | 0.874 59 |

使用山东临沂地区的费县单字语谱图，经过预训练后，手肘法得到的最

优 $K$ 值为 5，$K$-means 评价指标见表 8-2。我们又采用轮廓法确定最优 $K$ 值为 4，所以 $K$ 值的选择需要看数据集的特点，没有一种方法适用于所有的数据集。我们发现汉语方言的单字声调要比普通话复杂，普通话的语谱图能更加清晰地表现出声调的不同类型特征，采用手肘法可以确定的类别与真实类别一致，而方言则有些出入。在使用 $K$-means 聚类方法进行单字语谱图聚类时，普通话的聚类效果也明显高于方言单字语谱图的聚类效果，这也说明在无监督学习的情况下，想要通过非人工的方式对方言单字语谱图进行自动分类是比较困难的。

**表 8-2　汉语方言单字语谱图 $K$-means 聚类评价指标**

| 评价指标 | ARI | AMI | Homogeneity | Completness | V-measure |
|---|---|---|---|---|---|
| $K$=5 时数值 | 0.461 71 | 0.467 469 | 0.501 32 | 0.441 58 | 0.469 55 |
| $K$=4 时数值 | 0.523 354 | 0.488 439 | 0.469 12 | 0.512 08 | 0.490 11 |

# 8.5　基于层次聚类算法的汉语声调聚类

## 8.5.1　层次聚类算法原理

　　层次聚类是一种非常直观的算法，顾名思义就是要一层一层地进行聚类。层次聚类方法也是根据事先指定的簇间距离度量方法，构造和维护一棵由簇和子簇形成的聚类树，直至满足某个终结条件停止。层次聚类算法先计算样本之间的距离，每次将距离最近的点合并到同一个类；然后，再计算类与类之间的距离，将距离最近的类合并为一个大类。重复以上两个步骤，不停地合并，直到把所有的样本合成了一个大类。在整个聚类过程中，最关键的是聚类计算方法的选取，常用的有最短距离法、最长距离法、中间距离法、类平均法等。

　　层次聚类算法根据层次分解的顺序分为自下向上和自上向下，即凝聚的层次聚类算法和分裂层次聚类算法。下面就这两种算法详细解释层次聚类的原理。

### 8.5.2　凝聚和分裂层次聚类

#### 1. 凝聚层次聚类

凝聚层次聚类的策略是先将每个样本作为一个独立簇，然后根据距离合并距离近的簇，成为越来越大的簇，直到所有对象都在一个簇中，或者某个终结条件被满足。绝大多数层次聚类属于凝聚层次聚类，它们只是在簇间相似度度量上有所不同。这里给出采用最小距离的凝聚层次聚类算法流程。

第一步：将每个对象看作一类，计算两两之间的最小距离。

第二步：将距离最小的两个类合并成一个新类。

第三步：重新计算新类与所有类之间的距离。

第四步：重复第二、第三步，直到所有类最后合并成一类。

#### 2. 分裂层次聚类

这种自上向下的策略与凝聚层次聚类相反，它首先将所有样本划分为一个簇，然后逐步细分为越来越小的簇，直到每个对象自成一簇，或者达到了某个终结条件，例如达到了某个希望的簇数目，或者两个最近的簇之间的距离超过了某个阈值。

层次聚类算法的关键步骤在于什么时候进行合并或者分裂，这样的决定是非常重要的，因为一层一层的聚类过程都是基于上一步的聚类结果。如果某一步聚类的操作并不合理，会导致后面得到的聚类结果不准确。因为合并或分裂的决定需要检查和估算大量的对象或者簇，所以层次聚类没有较好的可伸缩性。

### 8.5.3　簇间距离度量方法

对于任意两个簇之间的距离度量，有以下 4 种方法。

① 最小距离（Single-link）：是指用两个聚类所有数据点的最近距离代表两个聚类的距离。

$$d_{\min}(c_i, c_j) = \min_{p \in c_i, p' \in c_j} |p - p'| \quad p \in c_i, p' \in c_j \quad （8\text{-}29）$$

② 最大距离（Complete-link）：是指用两个聚类所有数据点的最远距离代表两个聚类的距离。

$$d_{\max}(c_i, c_j) = \max_{p \in c_i, p' \in c_j} |p - p'| \quad p \in c_i, p' \in c_j \quad （8\text{-}30）$$

③ 平均值距离：是指用两个聚类各自中心点之间的距离代表两个聚类的距离。

$$d_{\text{mean}}(c_i, c_j) = |m_i - m_j| \quad （8\text{-}31）$$

式中，$m_i$ 是簇 $c_i$ 的平均值，$m_j$ 是簇 $c_j$ 的平均值。

④ 平均距离（Average-link）：是指用两个聚类所有数据点间的距离的平均距离代表两个聚类的距离。

$$d_{\text{avg}}(c_i, c_j) = \frac{1}{n_i n_j} \sum_{p \in c_i} \sum_{p' \in c_j} |p - p'| \quad p \in c_i, p' \in c_j \quad （8\text{-}32）$$

式中，$n_i$ 是簇 $c_i$ 中对象的数据，$n_j$ 是簇 $c_j$ 中对象的数目。

### 8.5.4 层次聚类的优缺点

层次聚类的优点是距离和规则的相似度容易定义，限制少；不需要预先指定聚类数，可以通过聚类树得到最优的聚类数；在聚类树中可以发现类的层次关系；对数据集的分布结构没有要求。

其缺点也是很明显的，每层的计算都需要访问各个样本，计算复杂度太高；由于每层的聚类操作依赖于前一层的结果，因此奇异值也能产生很大影响；在某些特殊情况下，算法很可能聚类成链状。

### 8.5.5　基于最小距离的层次聚类算法的基本思想

基于最小距离的层次聚类算法的基本思想是在层次聚类算法中，以单个数据对象为初始簇，以最近簇相聚合的方法融合，直至得到期望的聚类数为止。

假定有 $N$ 个对象要被聚类，其距离矩阵大小为 $N \times N$，凝聚的层次聚类方法的最小距离方法的基本过程如下。

① 将每个数据对象视为一簇，每簇仅一个对象，计算它们之间距离 $d(i, j)$，得到初始化距离矩阵。

② 将距离最近的（$d(i, j)$ 最小的）两个簇合并成一个新的簇。

③ 重新计算新的簇与所有其他簇之间的距离 $d(i, j)$，即在新合并的簇与原有簇的距离中选择距离最小的值作为两个簇间的相似度。

④ 重复②和③，直到所有簇最后合并成一个簇，或者达到某个终止条件，如希望得到的簇的个数或者两个相近的簇超过了某一个阈值。

层次聚类算法每合并完一个簇对象后，必须重新计算合并后簇对象之间的距离，也就是需要多次更新距离矩阵。对于大型数据库而言，其计算量是相当惊人的。而这必然将大大增加算法的复杂度，进而大大降低算法的可伸缩性，使得算法的应用受到影响。

### 8.5.6　基于层次聚类的语谱图的聚类实现

本小节我们采用基于最小距离的层次聚类方法对汉语方言单字语谱图进行层次聚类，通过生成聚类树、观察聚类结果，验证层次聚类在汉语方言单字声调识别上的应用效果。

假设 $N \times N$ 的相似矩阵 $D=[d(i, j)]$。聚类结果用序号 $0,1,\cdots,(n-1)$ 表示，$L(m)$ 表示第 $m$ 次聚类的层次。簇的序号用 $(m)$ 表示，簇 $(r)$ 和 $(s)$ 的相似系数（即距离矩阵中的值）用 $d[(r),(s)]$ 表示。下面是算法的具体描述。

（1）$L(0)=0$，$m=0$。

（2）从当前所有簇对中，根据 $d[(r),(s)] = \min d[(i),(j)]$ 找到距离最近（最相似）的两个簇 $(r)$、$(s)$。

（3）将簇的序列号加 1，将簇 $(r)$、$(s)$ 合并，并使聚类的层次 $L(m) = d[(r),(s)]$。

（4）更新相似矩阵 $\boldsymbol{D}$，删除簇 $(r)$、$(s)$ 相应的行和列，并在矩阵中加上新生成的簇相应的行和列。相似矩阵中新生成的簇 $(r)$、$(s)$ 和原来簇 $(k)$ 的相似度在式（8-29）计算得出。

（5）重复（2）～（4），直到所有对象都被合到一个簇为止。

从基于最小距离的层次聚类算法的描述可知，两个对象间的距离越小，说明这两个对象越相似，应该合并到同一个簇中。

Python 中的 scipy 库包含了层次聚类的函数，这里我们使用了 scipy.cluster.hierarchy.linkage(y,method='signle',metric='edclidean',optimal_ordering=False) 函数，函数的参数介绍如下：

1）y：需要进行层次聚类的数据，即可使用开始读取的数据变量 DataFrame；

2）method：层次聚类选用的方法，下面罗列了 7 种方法。

① single 方法：将两个组合数据点中距离最近的两个数据点间的距离作为这两个组合数据点的距离。这种方法容易受极端值的影响。两个很相似的组合数据点可能由于其中的某个极端的数据点距离较近而组合在一起。

$$d(u,v) = \min\big(\text{dist}\big(u[i],v[j]\big)\big) \qquad (8\text{-}33)$$

② complete 方法：与 single 方法相反，将两个组合数据点中距离最远的两个数据点间的距离作为这两个组合数据点的距离。

$$d(u,v) = \max\big(\text{dist}\big(u[i],v[j]\big)\big) \qquad (8\text{-}34)$$

③ average 方法：计算两个组合数据点中的每个数据点与其他所有数据点的距离。将所有距离的均值作为两个组合数据点间的距离。这种方法的计

算量比较大，但结果比前两种方法更合理。

$$d(u,v) = \sum_{ij} \frac{d(u[i],v[j])}{(|u||v|)}$$

（8-35）

④ weighted 方法：两个簇之间的距离为

$$d(u,v) = \big(\text{dist}(s,v) + \text{dist}(t,v)\big)/2$$

（8-36）

⑤ centroid 方法：两个簇之间的距离为

$$\text{dist}(s,t) = c_s - c_{t2}$$

（8-37）

⑥ median 方法：同 centroid 方法。

⑦ ward 方法：两个簇之间的距离为

$$d(u,v) = \sqrt{\frac{|v|+|s|}{T}d(v,s)^2 + \frac{|v|+|t|}{T}d(v,t)^2 - \frac{|v|}{T}d(s,t)^2}$$

（8-38）

3）metric：距离计算的方法，即上面方法的 dist() 函数的计算方式。

下面是将语谱图进行层次聚类的代码，代码中采用了主成分分析方法进行特征提取，图 8-4 就是最终的层次聚类树的一部分，通过层次聚类树，我们可以观察到所有样本之间的距离，并确定分为几类更为合适。

```
import os
from PIL import Image
from PCV.clustering import hcluster
from matplotlib.pyplot import *
from numpy import *
from sklearn import metrics

path='filename'
imlist=[os.path.join(path,f) for f in os.listdir(path ) if
```

```
f.endswith('.jpg')]
features=zeros([len(imlist),512])
for i, f in enumerate(imlist):
  im=array(Image.open(f).convert('RGB'))
  im=im.reshape(-1,3)
  #print(shape(im))
  h,edges=histogramdd(im,8,normed=True,range=[(0,255),
  (0,255),(0,255)])
  features[i]=h.flatten()
tree=hcluster.hcluster(features)


clusters=tree.extract_clusters(0.23*tree.distance)

for c in clusters:
  elements=c.get_cluster_elements()
  nbr_elements=len(elements)
  if nbr_elements>3:
    figure()
    for p in range(minimum(nbr_elements,20)):
      subplot(4,5,p+1)
      im=array(Image.open(imlist[elements[p]]))
      imshow(im)
      axis('off')

show()
hcluster.draw_dendrogram(tree,imlist,filename='results.pdf')
```

通过以上代码实现了汉语单字语谱图的层次聚类。图 8-4 是 40 张方言语谱图经过层次聚类后绘制的聚类树，从图中可以看出，比较明显的是聚类 3 类，最后一类也可以分为两类，聚为 4 类。

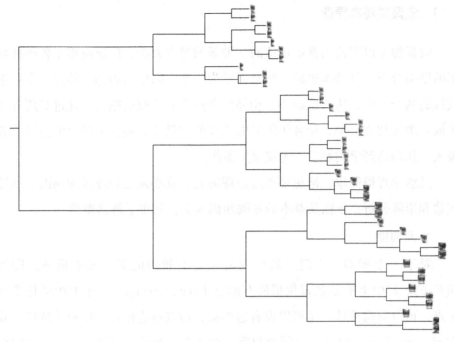

**图 8-4　语谱图的层次聚类结果**

## 8.6　基于谱聚类的汉语声调聚类

谱聚类是一种以数据相似度矩阵为基础的聚类算法。它定义了子图分割的最优目标函数，并对其进行改进（RatioCut 和 NCut)，引入了指示变量，把划分问题转换成最优指示变量矩阵 $H$，再利用熵的特性，把问题转化成解拉普拉斯矩阵 $K$ 的最小特征值，并以 $H$ 为样本。采用传统的聚类算法对其进行聚类。与传统的 $K$-means 算法相比，谱聚类的使用范围越来越广。谱聚类方法不仅具有良好的数据分布特性和良好的聚类性能，而且所需的计算量也较少，易于实现。

原来的相似度矩阵就是对样本量的一种表示（特征量与样本量相等），而用谱聚类方法所得到的本征值矩阵其实是一种向原本征矩阵的降维（或升维），即将样本从初始空间（可能为线性或非线性）转换到具有较好全局欧式的空间。

### 8.6.1 谱聚类基本原理

谱聚类是以图论为基础理论的一种新的聚类方法，广泛应用于各种数据集的聚类分析。其基本思路是将数据视为一个空间中由边相连的点。在相距较远的两个点间，边权值越小，相邻两个点间的边权值越大。通过对所有点构成的图像切成分割，使各子图间的边权值和最小，使各子图中的边权值和最大，从而达到聚类要求，完成聚类操作。

虽然原理很简单，但想要彻底地理解它，就必须要先理解无向图、线性代数和矩阵分析。下面从基本的基础知识入手，逐步了解谱聚类。

#### 1. 无向图

对于一个图 $G$，我们一般用点的集合 $V$ 和边的集合 $E$ 来描述，即为 $G(V, E)$。其中 $V$ 表示数据集里所有的点 $V=(v_1, v_2, \cdots, v_n)$，对于 $V$ 中的任意两个点，可以有边连接，也可以没有边连接，两点有边连接说明有关联性。我们定义 $w_{ij}$ 为点 $v_i$ 和点 $v_j$ 之间的权重。由于是无向图，所以 $w_{ij}=w_{ji}$。无向图如图 8-5 所示。下面介绍关于无向图的一些概念。

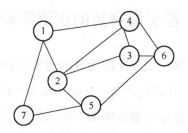

**图 8-5 无向图 G**

（1）邻接矩阵 $W$

设有边连接的两个点 $v_i$ 和 $v_j$，$w_{ij}>0$，对于没有边连接的两个点 $v_i$ 和 $v_j$，$w_{ij}=0$。

对于图 8-5，设有连接的节点间权值为 1，没有连接的节点间权值为 0，则可以得到一个邻接矩阵 $W$，如图 8-6 所示。

| 0 | 1 | 0 | 1 | 0 | 0 | 1 | 1 |
|---|---|---|---|---|---|---|---|
| 1 | 0 | 1 | 1 | 1 | 0 | 0 | 2 |
| 0 | 1 | 0 | 1 | 0 | 1 | 0 | 3 |
| 1 | 1 | 1 | 0 | 0 | 1 | 0 | 4 |
| 0 | 1 | 0 | 0 | 0 | 1 | 1 | 5 |
| 0 | 0 | 1 | 1 | 1 | 0 | 0 | 6 |
| 1 | 0 | 0 | 0 | 1 | 0 | 0 | 7 |

|   |   |   |   |   |   |   |
|---|---|---|---|---|---|---|
| 1 | 2 | 3 | 4 | 5 | 6 | 7 |

**图 8-6　邻接矩阵 $W$**

图 8-6 中边上的数字表示节点的标号，图中的每一行和每一列是对称的，他们都反映了该节点与其他节点的连接情况。

（2）度矩阵 $D$

每个顶点的度为该顶点与其他顶点连接权值之和，公式为

$$d_i = \sum_{j=1}^{N} w_{ij} \tag{8-39}$$

将每个顶点的度组成一个 $n \times n$ 矩阵，我们称为度矩阵 $D$。显然，它是一个对角矩阵，只有主对角线有值，对应第 $i$ 行的第 $i$ 个点的度数，矩阵表示如下：

$$D = \begin{bmatrix} d_1 & 0\cdots & 0 \\ \vdots & \ddots & \vdots \\ 0 & 0\cdots & d_n \end{bmatrix} \tag{8-40}$$

图 8-5 对应的度矩阵 $D$ 如图 8-7 所示，对角线上是图 8-6 邻接矩阵 $W$ 每行的和。

| 3 | 0 | 0 | 0 | 0 | 0 | 0 | 1 |
|---|---|---|---|---|---|---|---|
| 0 | 4 | 0 | 0 | 0 | 0 | 0 | 2 |
| 0 | 0 | 3 | 0 | 0 | 0 | 0 | 3 |
| 0 | 0 | 0 | 4 | 0 | 0 | 0 | 4 |
| 0 | 0 | 0 | 0 | 3 | 0 | 0 | 5 |
| 0 | 0 | 0 | 0 | 0 | 3 | 0 | 6 |
| 0 | 0 | 0 | 0 | 0 | 0 | 2 | 7 |

|   |   |   |   |   |   |   |
|---|---|---|---|---|---|---|
| 1 | 2 | 3 | 4 | 5 | 6 | 7 |

**图 8-7　度矩阵 $D$**

### 2. 相似矩阵和邻接矩阵 $W$

下面继续介绍关于邻接矩阵 $W$ 的一些方法。在一个无向图中，如果点与点之间的边有权重，那么可以根据权重组成邻接矩阵。但是在谱聚类中，只有数据点的定义，数据之间并没有权重，因此无法直接给出邻接矩阵，那么如何得到这个邻接矩阵呢？

基本思想是：通过样本间的距离度量方法定义两个样本点之间的权重。距离较远的两个点之间设置的权值小，而距离较近的两个点之间设置的权值大。通常，我们可以通过样本点距离度量的相似矩阵 $S$ 来获得邻接矩阵 $W$。

构建邻接矩阵 $W$ 的方法有三类：$\epsilon-$ 邻近法、$K$ 邻近法和全连接法。

（1）$\epsilon-$ 邻近法

我们设置一个距离阈值 $\epsilon$，与用欧式距离 $s_{ij} = \|x_i - x\|_{j2}^2$ 度量任意两点 $x_i$ 和 $x_j$ 的距离相似，通过与 $\epsilon$ 的比较确定邻接矩阵 $W$，公式如下：

$$W_{ij} = \begin{cases} 0 & s_{ij} > \epsilon \\ \epsilon & s_{ij} > \epsilon \end{cases} \qquad (8\text{-}41)$$

从式（8-42）可见，两点间的权重为 $\epsilon$ 或 0。这种方法使得距离远近度量很不精确，只能分为两种情况，因此在实际应用中，我们很少使用 $\epsilon-$ 邻近法。

（2）$K$ 邻近法

该方法基于 $K$ 最邻近分类法。$K$ 最邻近分类法用每个样本点通过离它最近的 $K$ 个邻近样本点确定它的类别。我们遍历所有的样本点，获取每个样本最近的 $K$ 个点作为邻居，设定该样本与这 $K$ 个邻居的权值为 $w_{ij} > 0$。但这种方法会使得新生成的邻接矩阵 $W$ 非对称，而后面的算法需要对称邻接矩阵。因此，为了解决这种问题，我们常采用下面这两种方法：

第一种，$K$ 邻近法是只要一个点在另一个点的 $K$ 近邻中，则保留权值 $s_{ij}$，公式为

$$W_{ij} = W_{ji} = \begin{cases} 0 & x_i \notin \mathrm{KNN}(x_j) \text{ 且 } x_j \notin \mathrm{KNN}(x_i) \\ \exp\left(\dfrac{s_{ij}}{2\sigma^2}\right) & x_i \in \mathrm{KNN}(x_j) \text{ 且 } x_j \in \mathrm{KNN}(x_i) \end{cases} \quad (8\text{-}42)$$

第二种，只有两个样本点之间相互是对方的 $K$ 邻居时，则保留权值，公式为

$$W_{ij} = W_{ji} = \begin{cases} 0 & x_i \notin \mathrm{KNN}(x_j) \text{ 且 } x_j \notin \mathrm{KNN}(x_i) \\ \exp\left(\dfrac{s_{ij}}{2\sigma^2}\right) & x_i \in \mathrm{KNN}(x_j) \text{ 且 } x_j \in \mathrm{KNN}(x_i) \end{cases} \quad (8\text{-}43)$$

（3）全连接法

该方法通过选择不同的核函数来定义边权重，保留了所有样本点之间的权值，因此称为全连接法。通常使用多项式核函数、高斯核函数、Sigmoid 核函数来计算。最常用的是高斯核函数（RBF），此时相似矩阵和邻接矩阵相同：

$$W_{ij} = S_{ij} = -\exp\left(\frac{\left\| x_i - x_j \right\|_2^2}{2\sigma^2}\right) \quad (8\text{-}44)$$

在实际应用中，由于邻接矩阵保留的样本点信息最完整，除主对角线外，其他元素的值都大于 1，因此使用第三种全连接法来建立邻接矩阵是最普遍的，而在全连接方法中使用高斯核函数是最普遍的。

### 3. 拉普拉斯矩阵

（1）定义拉普拉斯矩阵

拉普拉斯矩阵又称为基尔霍夫矩阵，是表示图的一种对称矩阵。一个包含了 $n$ 个顶点的图 $G$，它的拉普拉斯矩阵 $L$ 被定义为

$$L = D - W \quad (8\text{-}45)$$

式中，$D$ 为图的度矩阵，$W$ 为图的邻接矩阵。根据由图 8-6 获得的邻接矩阵和度矩阵可以得到拉普拉斯矩阵

$$L = \begin{bmatrix} 3 & 0 & 0 & 0 & 0 & 0 & 0 \\ 0 & 4 & 0 & 0 & 0 & 0 & 0 \\ 0 & 0 & 3 & 0 & 0 & 0 & 0 \\ 0 & 0 & 0 & 4 & 0 & 0 & 0 \\ 0 & 0 & 0 & 0 & 3 & 0 & 0 \\ 0 & 0 & 0 & 0 & 0 & 3 & 0 \\ 0 & 0 & 0 & 0 & 0 & 0 & 2 \end{bmatrix} - \begin{bmatrix} 0 & 1 & 0 & 1 & 0 & 0 & 1 \\ 1 & 0 & 1 & 1 & 1 & 0 & 0 \\ 0 & 1 & 0 & 1 & 0 & 1 & 0 \\ 1 & 1 & 1 & 0 & 0 & 1 & 0 \\ 0 & 1 & 0 & 0 & 0 & 1 & 1 \\ 0 & 0 & 1 & 1 & 1 & 0 & 0 \\ 1 & 0 & 0 & 0 & 1 & 0 & 0 \end{bmatrix} =$$

$$\begin{bmatrix} 3 & -1 & 0 & -1 & 0 & 0 & -1 \\ -1 & 4 & -1 & -1 & -1 & 0 & 0 \\ 0 & -1 & 3 & -1 & 0 & -1 & 0 \\ -1 & -1 & -1 & 4 & 0 & -1 & 0 \\ 0 & -1 & 0 & 0 & 3 & -1 & -1 \\ 0 & 0 & -1 & -1 & -1 & 3 & 0 \\ -1 & 0 & 0 & 0 & -1 & 0 & 2 \end{bmatrix}$$

（8-46）

（2）拉普拉斯矩阵的性质

拉普拉斯矩阵是对称半正定矩阵，这可以由 $D$ 和 $W$ 都是对称矩阵而得；且对于任何一个实向量 $f \in \mathbf{R}^n$，有以下式子成立：

$$f^{\mathrm{T}} L f = \frac{1}{2} \sum_{i,j=1} w_{ij} \left( f_i - f_j \right)^2 \qquad （8\text{-}47）$$

证明过程如下：

$$\begin{aligned} f^{\mathrm{T}} L f &= f^{\mathrm{T}} D f - f^{\mathrm{T}} W f \\ &= \sum_{i=1}^{n} d_i f_i^2 - \sum_{i,j=1}^{n} w_{ij} f_i f_j \\ &= \frac{1}{2} \left( \sum_{i=1}^{n} d_i f_i^2 - 2 \sum_{i,j=1}^{n} w_{ij} f_i f_j + \sum_{j=1}^{n} d_j f_j^2 \right) \\ &= \frac{1}{2} \sum_{i,j=1}^{n} w_{ij} \left( f_i - f_j \right)^2 \end{aligned} \qquad （8\text{-}48）$$

**4. 无向图切图**

在了解一些图论的基础知识后，下面介绍如何切图。谱聚类方法的关键点在于如何切图，将样本点进行分割，达到聚类目的。

（1）子图与子图的连接权重

无向图 $G$ 的切图是将图 $G(V, E)$ 切成相互没有连接的 $K$ 个子图，设每个子图点的集合为 $\{A_1, A_2, \cdots, A_k\}$，它们满足 $A_i \bigcap A_j = \varnothing$，且 $A_1 \bigcup A_2 \cdots \bigcup A_k = V$，即每个子图中的样本点集不能有交集，并且所有子图中的样本点就是图 $G$ 的所有点集。

我们可以将图 8-5 划分成两个子图，如 8-8 所示。

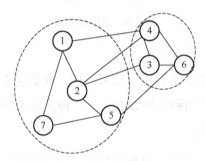

**图 8-8　划分图 $G$ 为两个子图**

通过图 8-8 可以定义图 $G$ 的两个子图 $A$ 和 $B$，则可以定义子图 $A$ 和 $B$ 的切图权重为

$$W(A, B) = \sum_{i \in A, j \in B} w_{ij} \qquad （8-49）$$

那么对于 $K$ 个子图的集合 $\{A_1, A_2, \cdots, A_k\}$，切图为

$$\mathrm{cut}(A_1, A_2, \cdots, A_k) = \frac{1}{2} \sum_{i=1}^{k} W\left(A_i, \overline{A}_i\right) \qquad （8-50）$$

式中，$\overline{A}_i$ 为 $A_i$ 的补集。

（2）切图的目标函数

如何切图可以让子图内的点权重和较高、子图间的点权重和较低呢？最容易的方法就是最小化每个子图 $\mathrm{cut}(A_1, A_2, \cdots, A_k)$，但是如图 8-9 所示，这种极小化的切图存在问题。首先，我们选择权重最小的边缘的点，比如 1 和 7

之间进行分割，这样可以最小化 $\mathrm{cut}(A_1, A_2, \cdots, A_k)$，但不是最优的切图，如何避免这种切图，并且找到类似图中"最优分割"的最优切图呢？接下来就来看看谱聚类使用的切图方法。

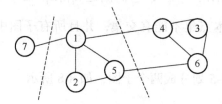

**图 8-9  极小化切图**

### 5. 谱聚类切图

为了避免最小切图导致的切图效果不佳，我们需要对每个子图的规模做出约束，一般来说，有两种切图方式，第一种是 RatioCut，第二种是 NCut。

（1）RatioCut 切图

为了避免出现最小切图，对每个切图，在最小化 $\mathrm{cut}(A_1, A_2, \cdots, A_k)$ 的基础上，同时考虑每个子图尽可能包括样本点的个数，即

$$\mathrm{RatiocCut}(A_1, A_2, \cdots, A_k) = \frac{1}{2} \sum_{i=1}^{k} \frac{W(A_i, \overline{A}_i)}{|A_i|} \qquad (8\text{-}51)$$

RatioCut 函数的最小值就是切图的最优结果。如何得到最小化 RatioCut 函数值呢？首先，我们先定义一个指示向量 $\boldsymbol{h}_j = (h_1, h_2, \cdots, h_k)$，$j = 1, 2, \cdots, k$。任意一个向量 $\boldsymbol{h}_j$ 都是一个 $n$ 维向量。我们定义 $h_{ij}$ 为

$$h_{ij} = \begin{cases} 0 & v_i \notin A_j \\ \dfrac{1}{\sqrt{|A_j|}} & v_i \in A_j \end{cases} \qquad (8\text{-}52)$$

则有 $\boldsymbol{h}_i^{\mathrm{T}} \boldsymbol{L} \boldsymbol{h}_i = \mathrm{RatioCut}(A_i, \overline{A}_i)$。由于篇幅有限，推导过程在此不再赘述。

上式列出来的是对于某一个子图 $i$，它的 RatioCut 对应于 $\boldsymbol{h}_i^{\mathrm{T}} \boldsymbol{L} \boldsymbol{h}_i$，那么

对于 $k$ 个子图，对应的 RatioCut 函数表达式为

$$\text{RatioCut}\left(A_1, A_2, \cdots, A_k\right) = \sum_{i=1}^{k} \left(H^{\text{T}} L H\right)_{ii} = \text{tr}\left(H^{\text{T}} L H\right) \tag{8-53}$$

式中，$\text{tr}\left(H^{\text{T}} L H\right)$ 为矩阵的迹。所以，RatioCut 切图就是最小化 $\text{tr}\left(H^{\text{T}} L H\right)$，式中 $H^{\text{T}} H = I$，则切图优化目标为

$$\underset{}{\text{argmin}} \quad \text{tr}\left(H^{\text{T}} L H\right) \text{ s.t.} H^{\text{T}} H = I \tag{8-54}$$

因为 $H$ 矩阵里面的每一个指示向量都是 $n$ 维的，向量中每个变量的取值为 0 或者 $\dfrac{1}{\sqrt{|A_i|}}$，就有 $2^n$ 种取值，有 $K$ 个子图就有 $K$ 个知识向量，共有 $2^n K$ 种 $H$，因此找到满足上面优化目标的 $H$ 是一个 NP 难问题。对于每一个优化子目标 $h_i^{\text{T}} L h_i$，其中 $h$ 是单位正交基，$L$ 是对称矩阵，此时 $h_i^{\text{T}} L h_i$ 的最大值为 $L$ 的最大特征值，最小值是 $L$ 的最小特征值。所以，对于 $\text{tr}\left(H^{\text{T}} L H\right) = \sum_{i=1}^{k} h_i^{\text{T}} L h_i$ 的最小值就是找到 $K$ 个最小的特征值。一般来说，$K$ 远远小于 $n$，也就是说，此时我们进行了维度规约，将维度从 $n$ 降到了 $K$，从而近似可以解决这个 NP 难的问题。

通过找到 $L$ 的最小 $K$ 个特征值，可以得到对应的 $K$ 个特征向量，这 $K$ 个特征向量组成一个 $n \times K$ 维度的矩阵，即 $H$。一般还需要对 $H$ 里的每一个特征向量做标准化，即 $h_i = \dfrac{h_i}{|h_i|}$。

由于我们在使用维度规约时损失了少量信息，导致得到优化后的指示向量 $h$ 对应的 $H$ 不能完全指示各样本的归属，因此一般在得到 $n \times K$ 维度的矩阵 $H$ 后，还需要对每一行进行依次传统的聚类，比如使用 $K$-means 聚类。

（2）NCut 切图

NCut 切图和 RatioCut 切图很类似，但是要把 RatioCut 的分母 $|A_i|$ 换成 $\text{vol}(A_i)$。如果子图样本的个数多、权重不大，则切图时可以基于权重，因此

一般来说 NCut 切图比 RatioCut 切图更适用于样本点少的情况。

$$NCut(A_1, A_2, \cdots, A_k) = \frac{1}{2} \sum_{i=1}^{k} \frac{W(A_i, \bar{A}_i)}{vol(A_i)} \tag{8-55}$$

使用 NCut 切图需要对指示向量 $\boldsymbol{h}_{ij}$ 进行改进，$\boldsymbol{h}_{ij}$ 定义如下：

$$\boldsymbol{h}_{ji} = \begin{cases} 0 & v_i \notin A_j \\ \dfrac{1}{\sqrt{vol(A_j)}} & v_i \in A_j \end{cases} \tag{8-56}$$

于是，$\boldsymbol{h}_i^{\mathrm{T}} L \boldsymbol{h}_i = NCut(A_i, \bar{A}_i)$。也就是说，优化目标仍然是

$$NCut(A_1, A_2, \cdots, A_k) = \sum_{i=1}^{k} \boldsymbol{h}_i^{\mathrm{T}} L \boldsymbol{h}_i = \sum_{i=1}^{k} \left( \boldsymbol{H}^{\mathrm{T}} L \boldsymbol{H} \right)_{ii} = tr\left( \boldsymbol{H}^{\mathrm{T}} L \boldsymbol{H} \right) \tag{8-57}$$

但是，此时的 $\boldsymbol{H}^{\mathrm{T}} \boldsymbol{H} = \boldsymbol{I}$ 应该是 $\boldsymbol{H}^{\mathrm{T}} D \boldsymbol{H} = \boldsymbol{I}$，则

$$argmintr\left( \boldsymbol{H}^{\mathrm{T}} L \boldsymbol{H} \right) s.t. \boldsymbol{H}^{\mathrm{T}} D \boldsymbol{H} = \boldsymbol{I} \tag{8-58}$$

此时 $\boldsymbol{H}$ 中的指示向量 $\boldsymbol{h}$ 并不是标准正交基，需要将指示向量矩阵 $\boldsymbol{H}$ 做一个小小的转化即可。

令 $\boldsymbol{H} = \boldsymbol{D}^{-1/2} \boldsymbol{F}$，则

$$\boldsymbol{H}^{\mathrm{T}} L \boldsymbol{H} = \boldsymbol{F}^{\mathrm{T}} \boldsymbol{D}^{-1/2} L \boldsymbol{D}^{-1/2} \boldsymbol{F} \tag{8-59}$$

$$\boldsymbol{H}^{\mathrm{T}} D \boldsymbol{H} = \boldsymbol{F}^{\mathrm{T}} \boldsymbol{F} = \boldsymbol{I} \tag{8-60}$$

也就是说，优化目标变成了

$$argmintr\left( \boldsymbol{F}^T \boldsymbol{D}^{-\frac{1}{2}} L \boldsymbol{D}^{-\frac{1}{2}} \boldsymbol{F} \right) \ s.t. \ \boldsymbol{F}^{\mathrm{T}} \boldsymbol{F} = \boldsymbol{I} \tag{8-61}$$

可以发现，这个式（8-60）和 RatioCut 基本一致，只是中间的 $\boldsymbol{L}$ 变成了 $\boldsymbol{D}^{-1/2} L \boldsymbol{D}^{-1/2}$。这样就可以继续按照 RatioCut 的思想，求出 $\boldsymbol{D}^{-1/2} L \boldsymbol{D}^{-1/2}$ 的最小的前 $K$ 个特征值，然后求出对应的特征向量并标准化，得到最后的特征矩阵 $\boldsymbol{F}$，最后对 $\boldsymbol{F}$ 进行依次传统的聚类即可。

一般来说，$D^{-1/2}LD^{-1/2}$ 相当于对拉普拉斯矩阵 $L$ 做了一次标准化，即 $\dfrac{L_{ij}}{\sqrt{d_i d_j}}$。在了解了谱聚类的基本理论后，下面介绍整个算法的流程。

### 8.6.2　谱聚类算法流程

通常，谱聚类的关键部分是相似矩阵的生成方法、切图的方法及最后的聚类方法。常用的相似矩阵的生成方法是基于高斯核距离的全连接方式，最常用的切图方法是 Ncut，常用的聚类方法为 $K$-means。下面依据常用的方法描述谱聚类的算法流程。

输入：样本集 $D=(X_1, X_2, \cdots, X_n)$，相似矩阵的生成方法，降维后的维度 $k_1$，聚类方法，聚类后的维度 $k_2$。

输出：簇划分 $C(c_1, c_2, \cdots, c_{k2})$

① 根据输入的相似矩阵的生成方法生成样本的相似矩阵 $S$。

② 根据相似矩阵 $S$ 构建邻接矩阵 $W$，构建度矩阵 $D$。

③ 计算出拉普拉斯矩阵 $L$。

④ 构建标准化后的拉普拉斯矩阵 $D^{-1/2}LD^{-1/2}$。

⑤ 计算 $D^{-1/2}LD^{-1/2}$ 最小的 $k_1$ 个特征值所各自对应的特征向量 $f$。

⑥ 将各自对应的特征向量 $f$ 组成的矩阵按行标准化，最终组成 $n \times k_1$ 维的特征矩阵 $F$。

⑦ 将 $F$ 中的每行作为一个 $k_1$ 维的样本，共 $n$ 个样本，用输入的聚类方法进行聚类，聚类维数为 $k_2$。

⑧ 得到簇划分 $C(c_1, c_2, \cdots, c_{k2})$。

### 8.6.3　sklearn 库中的谱聚类使用

Python 的 scikit-learn 的类库中，包含了实现基于 Ncut 谱聚类的方法 sklearn.cluster.SpectralClustering()，但没有实现基于 RatioCut 的切图聚类。也有基于 $K$-means 算法和全连接法的方法，但没有基于 $\epsilon-$ 邻

近法的相似矩阵。聚类方法则提供了 $K$-means 算法和 disxretize 算法。

对于 SepctralClustering 函数的实现,有几个参数需要设置,包括与相似矩阵建立相关的参数和聚类类别数目,这些参数会影响到聚类效果。其他参数在必要时可以修改默认值。

n_clusters:表示切图时降维到的维数,即最后一步聚类算法聚类到的维数。这个值是可选的。

affinity:相似矩阵的构建方法。方法有 3 种:"nearest_neighbors" $K$ 邻近法、"precomputed"自定义相似矩阵、全连接法。可以使用各种核函数来定义相似矩阵,还可以自定义核函数,有高斯核函数"rbf"、线性核函数"linear"、多项式核函数"poly"、Sigmoid 核函数"Sigmoid"。默认的是高斯核函数。

gamma:如果使用了多项式核函数"poly"、高斯核函数"rbf"或者"sigmoid"核函数,那么就需要通过交叉验证对这个参数进行调参。多项式核函数需要选择一组合适的 $\gamma$、$r$、$d$,高斯核函数需要选择合适的 $\gamma$,Sigmoid 核函数中需要选择一组合适的 $\gamma$ 和 $r$。$\gamma$ 默认值为 1.0。后面的参数 degres、coef0 和 kernel_params 都是核函数的参数。

n_neighbors:如果使用了 $K$ 邻近法,则通过这个参数指定 $K$ 的个数。默认是 10。

assign_labels:最后的聚类方法的选择。

### 8.6.4　基于谱聚类的汉语方言声调聚类的实现

本小节使用神经网络 MobileNetV2 方法进行预训练,进行特征提取,然后计算得到拉普拉斯矩阵,最后通过 SpectralClustering 函数实现对语谱图的谱聚类。PlotRes 函数用来显示聚类结果。

```
# -*- coding: utf-8 -*-
from PIL import Image, ImageDraw
from pylab import *
```

```
from scipy.cluster.vq import *
import cv2
import tensorflow as tf
import random
from sklearn import metrics
import os, glob, shutil
from sklearn.cluster import SpectralClustering
def plotRes(data, clusterResult, clusterNum):
  n = len(data)
  scatterType = ['^', '+', '_', 'o', '*', ',']
  for i in range(clusterNum):
    make = scatterType[i % len(scatterType)]
    x1= []; y1=[]
    for j in range(n):
      if clusterResult[j] == i:
        x1.append(data[j,0])
        y1.append(data[j, 1])
    plt.scatter(x1, y1, marker=make)
  plt.show()
labels_true=[]
path= os.listdir(filename)
for image_name in path:
  labels_true.append(int(image_name.split("_")[0]) - 1)# 获取
分类标签

glob_dir = filename + '/*.png'
#opencv 读 取 图 像 ，并 将 图 像 大 小 调 整 为 (224,224)，以 匹 配 模 型 输
# 入层的大小 ，进行特征提取。
images = [cv2.resize(cv2.imread(file), (224, 224)) for file
in glob.glob(glob_dir)]
paths = [file for file in glob.glob(glob_dir)]
images = np.array(np.float32(images).reshape(len(images),
```

```
-1) / 255)

# 2.加载预训练的模型 MobileNetV2,实现图像分类
model = tf.keras.applications.MobileNetV2(include_
top=False, weights='imagenet', input_shape=(224, 224, 3))

predictions = model.predict(images.reshape(-1, 224,
224, 3))
pred_images = predictions.reshape(images.shape[0], -1)

n = len(pred_images)
# 3.计算邻接矩阵 S
S = array([[sqrt(sum((pred_images[i]-pred_images[j])**2))
     for i in range(n)] for j in range(n)], 'f')
# 4.创建拉普拉斯矩阵
rowsum = sum(S, axis=0)
D = diag(1/sqrt(rowsum))
I = identity(n)
L = I - dot(D, dot(S,D))
U, sigma, V = linalg.svd(L)
k = 4# 设定聚类类数

features = array(V[:k]).T# 创建特征向量
features=whiten(features)
#5.谱聚类
y_pred=SpectralClustering(gamma=0.1,n_clusters=k).fit_
predict(features)
plotRes(features,y_pred,4)# 绘制聚类结果散点图
#6.计算聚类评价指标
ari=metrics.adjusted_rand_score(labels_true, y_pred)
ami=metrics.adjusted_mutual_info_score(labels_true,y_pred)
homogeneity=metrics.homogeneity_score(labels_true,y_pred)
```

```
completeness=metrics.completeness_score(labels_true,y_pred)
v_measure=metrics.v_measure_score(labels_true,y_pred)
print("Calinski-Harabasz Score",metrics.calinski_harabasz_
score(features,y_pred))
print("ARI="+ str(ari) + '\n')
print("AMI=" + str(ami) + '\n')
print("Homogeneity=" + str(homogeneity) + '\n')
print("completness=" + str(completeness) + '\n')
print("v_measure=" + str(v_measure) + '\n')
```

　　如图 8-10 所示，图 8-10（a）是普通话单字语谱图聚类结果，图 8-10（b）是平邑方言单字语谱图聚类结果。由图可知，采用 MobileNetV2 方法进行预训练后，普通话要比平邑方言聚类效果更好，簇间更加分散。具体的聚类评价指标见表 8-3，与 *K*-means 相比，在采用同样的预训练后，*K*-means 的聚类效果优于谱聚类。

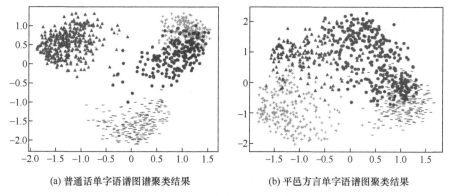

(a) 普通话单字语谱图谱聚类结果　　　　　(b) 平邑方言单字语谱图聚类结果

**图 8-10　谱聚类结果图散点图**

**表 8-3　*K*-means 和谱聚类聚类评价指标对比**

| 评价指标 | | ARI | AMI | Homogeneity | Completness | V-measure |
|---|---|---|---|---|---|---|
| 普通话 | *K*-means | 0.870 450 | 0.874 170 | 0.876 340 | 0.872 850 | 0.874 590 |
| | 谱聚类 | 0.869 900 | 0.857 020 | 0.859 900 | 0.855 100 | 0.857 490 |
| 费县方言 | *K*-means | 0.523 354 | 0.488 439 | 0.469 120 | 0.512 080 | 0.490 110 |
| | 谱聚类 | 0.530 160 | 0.503 497 | 0.486 980 | 0.524 631 | 0.505 110 |

## 8.7　总结

本章介绍了无监督学习方法，即聚类方法。聚类分析是数据挖掘中的重要数据分析方法之一，它的优势是在数据未标记的情况下，根据数据集本身的特征进行聚类，可帮助人们了解未知数据集的一些公共属性，并建立知识结构。缺点是很多聚类方法需要实现确定类的个数，即 $K$ 值。同时，本章介绍了几种确定 $K$ 值的方法。由于信息化社会的海量数据集，数据集的属性特征、维度、分布情况各不相同，因此没有任何一种 $K$ 值确定方法适用于全部数据集。通过实验比较，发现在使用语谱图进行聚类时，手肘法比轮廓法可更为准确地确定分类个数；$K$-means 聚类方法要比其他方法对汉语方言单字声调的聚类更为准确，普通话要比方言的声调聚类更为准确。这为汉语方言单字声调在无标注数据的情况下进行预先自动分类提供了有力的支持，可以为语言研究者的听辨提供辅助判断。

# 参 考 文 献

[1] 熊子瑜. 语音学研究的"体"与"用"[N]. 中国社会科学报，2022-11-01(03).

[2] 朱晓农. 语音学 [M]. 北京：商务印书馆，2010:1-5.

[3] 吴亚乐，刘希瑞. 国内语音科学研究的知识图谱分析——基于 CiteSpace 和 VOSviewer 的综合应用 [J]. 郑州轻工业学院学报（社会科学版），2020，21(5)：93-101.

[4] DAVIS K H, BIDDULPH R, BALASHEK S. Automatic Recongnition of Spoken Digits[J]. The Journal of the Acoustical Society of America, 1952, 24(6):637-642.

[5] REDDY D R. Approach to Computer Speech Recognition by Direct Analysis of the Speech Wave[J]. The Journal of the Acoustical Society of America, 1966, 40(5):1273-1273.

[6] VINTSYUK T K. Speech discrimination by dynamic programming[J]. Cybernetics, 1968, 4(1):52-57.

[7] SAKOE H, CHIBA S. Dynamic programming algorithm optimization for spoken word recognition[J]. IEEE Transactions on Acoustics, Speech, and Signal Processing, 1978, 26(1):43-49.

[8] MARTIN T B, NELSON A L, ZADELL H J. Speech recognition by feature-abstraction techniques[R]. Raytheon co waltham mass, 1964.

[9] SCHWARTZ R, CHOW Y, KIMBALL O, et al. Context-dependent modeling for acoustic-phonetic recongnition of continuous speech[C]. IEEE Intetnational Conference On Acoustics, Speech, and Signal Process, 1985:1205-1208.

[10] RABINER L R. Atutorial on hidden markov models and selected applications in speech recognition[J]. Proceedings of the IEEE, 1989, 77(2):257-286.

[11] GAUVAIN J L, LEE C H. Maximum aposteriori estimation for multivariate gaussian mixture observations of markov chains[J]. IEEE Transaction on Speech and Audio Processing, 1994, 2(2):291-298.

[12] LIPPMANN R. An intorduction to computing with neural nets[J]. IEEE ASSP magzine, 1987, 4(2):4-22.

[13] WAIBEL A, HANAZAWA T, HINTON G, et al. Plhoneme recognition using time-delay neural network[J]. IEEE Transaction on Acoustics, Speech, and Signal Processing, 1989, 37(3):328-339.

[14] HINTON G E, OSINDERO S, TEN Y W. A fast learning algorithm for deep belief nets[J]. Neural Computation, 2006, 18(7):1527-1554.

[15] GAROFOLO J S, LAMEL L F, FISHER W M, et al. Darpa timit acoustic-phonetic continous speech[J]. STIN, 1993, 93:27403.

[16] DAHL G E, YU D, DENG L, et al. Context-Dependent Pre-Trained Deep Neural networks for Large-Vocabulary Speech Recongnition[J]. IEEE Transaction on Audio, Speech, and Language Processing, 2011, 20(1):30-42.

[17] CHANG P C, SUN S W, CHEN S H. Mandarin tone recognition by multi-layer perceptron[C]. International Conference on Acoustics, Speech and Signal Processing, 1990(1):517-520.

[18] 赵力，邹采荣，吴镇扬. 基于连续分布型 HMM 的汉语连续语音的声调识别方法 [J]. 信号处理，2000(1):20-23.

[19] XIE Z, MIAO Z, GENG J. Tone Recognition of Mandarin Speech using BP Neural Network[C]. International Conference on Image Analysis and Signal Processing，2010.

[20] 傅德胜，李仕强，王水平. 支持向量机的汉语连续语音声调识别方法 [J]. 计算机科学，2010, 37(5):228-230.

[21] CHAO H , YANG Z , LIU W. Improved tone modeling by exploiting articulatory features for mandarin speech recognition[C]. Journal of Computer Applications, 2012.

[22] 沈凌洁，王蔚. 基于融合特征的短语音汉语声调自动识别方法 [J]. 声学技术，2018, 37(2):167-174.

[23] LIN J , XIE Y , GAO Y , et al. Improving Mandarin Tone Recognition Based on DNN by Combining Acoustic and Articulatory Features[C]. International Symposium on Chinese Spoken Language Processing. 2017.

[24]    RYANT N, YUAN J, LIBERMAN M. Mandarin tone classification without pitch tracking[C]. IEEE International Conference on Acoustics. 2014。

[25]    赵元任 . 语言问题 [M]. 北京：商务印书馆，1980.

[26]    刘复 . 四声实验录 [M]. 上海：群益书社，1924.

[27]    周殿福 . 介绍几种简单的语音学仪器 [J]. 中国语文，1954(10).

[28]    ROMPORTAL M. Züm problem der Tone in Kuo-Yu[J]. Archiv Oriantalni, 1953, 21.

[29]    CHUANG C K, HIKI S. Acoustical features and perceptual cues of the four tones of standard coll quail Chinese[C]. Proc of the 7the International Congress of Acoustics, 1971, 3:297-300.

[30]    HOWIE J M. On the Domain of Tones in Mandarin[J]. Phonetics, 2009, 30(3): 129-148.

[31]    SAGART L. Tone production in modern standard Chinese: An electromyographic inverstigation[J]. Cahiers de Linguistique Asie Orientale, 1986, 15(2): 205-221.

[32]    KIRILOFF C. On the Auditory Perception of Tones in Mandarin[J]. Phonetics, 1969, 20(2-4):63-67.

[33]    KLATT D H. Discrimination of fundamental frequency contours in synthetic speech:implications for models of pitch perception[J]. Journal of the Acoustical Society of America, 1973, 53(1):8-16.

[34]    林茂灿，颜景助，孙国华 . 声带紧张度（VCT）和声门下压力（ps）在北京话两字组语音基频（F0）产生中的作用 [J]. 中国语言学报，1998(3):284-300.

[35]    HOWIE J M. Some experiments on the perception of Mandarin tones[M]. Berlin:De Gruyter Mouton, 1972:900-904.

[36]    MINSKY M, PAPERT S. Perceptrons[M]. Cambridge: MIT Press, 1969.

[37]    HOPFIELD J J. Neural networks and physical systems with emergent collective computational abilities [J]. Proceedings of the National Academy of Sciences of the United States of America, 1982, 79(8):2554-2558.

[38]    RUMELHART DE, MCCLELLAND J L. Parallel Distributed Procesing[J]. Encyclopedia of Database Systems, 1986:45-76.

[39]    邵燕梅 . 郯城方言志 [M]. 济南：齐鲁书社，2005.

[40] 邵燕梅. 关于郯城、平邑方言区属性质的补充讨论 [J]. 语言研究，2010，30(1):101-104.

[41] 中国社会科学院语言研究所，中国社会科学院民族大学与人类学研究所，香港城市大学语言资讯科学研究中学. 中国语言地图集·汉语方言卷 [M]. 2 版. 北京：商务印书馆，2012.

[42] HINTON G E, OSINDERO S. A Fast Learning Algonthm for Deep Belief Nets[J]. Neurac Computation, 2006, 18(7):1527-1554.

[43] KRIZHEVSKY A, SUTSKEVER I, HINTON G. ImageNet Classification with Deep Convolutional Neural Networks[J]. Communications of the ACM, 2017, 60(6):84-90.

[44] KRIZHEVSKY A, SUTSKEVER I, HINTON G E. ImageNet classification with deep convolution neural networks [C]//International Conference on Neural Information Processing Systems, Curran Associates Inc, 2012 : 1097-1150.

[45] PAUN G. Computing with membranes[J]. Journal of Computer and System Sciences, 2000, 61(1):108-143.

[46] IONESCU M, PAUN G, YOKOMORI T. Spiking neural P systems[J]. Fundamenta Informaticae, 2006, 71(2, 3):279-308.

[47] PAUN G. Membrane computing:An introduction[M]. Berlin:Springer-Verlag, 2002.

[48] MARTIN C, PAUN G, PAZOS J, et al. Tissue P systems[J]. Theoretical Computer Science, 2003, 296(2):296-326.

[49] ROY K, JAISWAL A, PANDA P. Towards spike-based machine intelligence with neuromorphic computing[J]. Nature, 2019, 575:607-617.

[50] IONESCU M，PAUN G, YOKOMORI T. Spiking neural P systems with exhaustive use of rules[J]. International Journal of Unconvertional Computing, 2007, 3(2):135-154.

[51] KONG Y, ZHANG Z，CHEN Z, el al. Smal universal spiking neural P Systems with astrocytes[C]. Pre-Proceedings of the Second Asian Conference on Membrane Computing, 2013.

[52] WANG J, HOOGEBOOM H J, PAN L, et al. Spiking neural P systems with

weights[J]. Neural Computation, 2010, 22(10):2615-2646.

[53]　SONG T, PAN L Q. Spiking neural P systems with rules on synapses working in maximum spikes consumption strategy[J]. IEEE Transcations on NanoBioscience, 2015, 14(1):38-44.

[54]　DUAN X, LI Z, HE F, et al. A sensitive and homogeneous SNP detection using cationic conjugated polymers[J]. Journal of the American Chemical Society, 2007, 129(14):4153-4154.

[55]　WANG J, HOOGEBOOM H J, PAN L, et al. Spiking neural P systems with weights[J]. Neural Computation, 2010, 22(10):2615-2646.

[56]　SONG T, ZOU Q, LIU X, et al. Asynchronous spiking neural P systems with rules on synapses[J]. Neurocomputing, 2015, 151:1439-1445.

[57]　IBARRA O H, PAUN A, RODRIGUEZ-PATON A. Sequential SNP systems based on min/max spike number[J]. Theoertical Computer Science, 2009, 410(30): 2982-2991.

[58]　LIU Q, LONG L, PENG H, et al. Gated spiking neural P systems for time series forecasting[J]. IEEE Transactions on Neural Networks and Learning Systems, 2021(99):1-10.

[59]　KARPATHY A, JOHUNSON J, LI F. Visualizing and understanding recurrent networks [J]. Computer Science, 2015.